2020年辽宁省教育厅科学研究经费项目"现代奥林匹克运动中技术与身体的研究"(项目编号:WQN2020ST02)资助出版

·东北大学技术哲学博士文库·

(第七辑)

名誉主编　陈昌曙　远德玉
主　　编　陈　凡　朱春艳

奥林匹克运动中的技术与身体问题

Issue of Body and Technical in the Olympic Movement

焦宗元　著

东北大学出版社
·沈阳·

ⓒ 焦宗元 2021

图书在版编目（CIP）数据

奥林匹克运动中的技术与身体问题 / 焦宗元著. ——沈阳：东北大学出版社，2021.8
　　ISBN 978-7-5517-2758-7

　　Ⅰ. ①奥…　Ⅱ. ①焦…　Ⅲ. ①奥林匹克运动－研究
Ⅳ. ①G811.111

中国版本图书馆 CIP 数据核字（2021）第 177909 号

出 版 者：东北大学出版社
　　　　　地　址：沈阳市和平区文化路三号巷 11 号
　　　　　邮　编：110819
　　　　　电　话：024-83683655（总编室）　83687331（营销部）
　　　　　传　真：024-83687332（总编室）　83680180（营销部）
　　　　　网　址：http://www.neupress.com
　　　　　E-mail：neuph@neupress.com
印 刷 者：辽宁一诺广告印务有限公司
发 行 者：东北大学出版社
幅面尺寸：170 mm×240 mm
印　　张：12.75
字　　数：190 千字
出版时间：2021 年 8 月第 1 版
印刷时间：2021 年 8 月第 1 次印刷
责任编辑：郎　坤　刘振军
责任校对：刘新宇
封面设计：潘正一
责任出版：唐敏志

ISBN 978-7-5517-2758-7　　　　　　　　　　　　定　价：50.00 元

东北大学技术哲学博士文库第七辑编委会

名誉主编　　陈昌曙　远德玉

名誉编委　　关士续　刘则渊

主　　编　　陈　凡　朱春艳

编　　委　　（以姓氏笔画为序）
　　　　　　　　王　前　王　健　文成伟
　　　　　　　　田鹏颖　朱春艳　刘振军
　　　　　　　　张明国　陈　凡　陈红兵
　　　　　　　　罗玲玲　赵建军

秘　　书　　（以姓氏笔画为序）
　　　　　　　　陈　佳　赵　亮　程海东

总　　序

"东北大学技术哲学博士文库"在多方努力下终于出版了。这是东北大学文科建设史上的一件幸事，值得祝贺。

东北大学的科学技术哲学博士点自1994年开始招生以来，已有一批博士毕业。他们已经在《自然辩证法研究》《自然辩证法通讯》《科学技术与辩证法》等刊物上发表了一批文章，也有把论文补充修改成为专著出版的，但出书毕竟零散，机会也不多。文科博士论文的创新思想应当在刊物上发表，更为优秀者则应当作为专著出版。已经有不少大学出版了自己的博士文库。我们决定出版自己的博士文库，乃是步其后尘而已。

我们这个博士点是以技术哲学为主要研究方向的，因此名为"东北大学技术哲学博士文库"。出版这个文库的目的，一方面是为了保存和交流研究成果，经受社会检验，鼓励学术研究；另一方面也是为了博士生教育的制度化，推进学科建设。因此，并不是每一位博士的论文都可以成书进入本文库出版，进入本文库必须经过一定的评审程序。出于学科建设的需要，也将把博士生导师有关技术哲学的优秀研究成果纳入本文库出版，当然也须经过评审。

在中国，技术哲学的研究方兴未艾，已有一批博士的研究成果作为专著纳入本文库出版，这是一件令人高兴的事，但这仅仅是开始。希望有更多博士的研究成果面世，这是我们的期待。

出版博士文库需要有好的稿源和认真的编审，还需要有经费的支持乃至有人做组织工作。在本文库出版的时候，应该感谢佟晶石、丁云龙等同志，他们为筹措经费、搞好协调做了大量工作。东北大学出版社为文科学术研究的发展，在经费等诸多方面给予了大力的支持，在此一并表示我们的谢意。

陈昌曙　远德玉
2001 年 3 月 19 日

主编序语

哲学是人类认识世界、改造世界的重要工具，是建设社会主义物质文明、政治文明、精神文明、社会文明、生态文明的重要理论武器，在认识世界、传承文明、创新理论、咨政育人、服务社会的伟大实践中具有不可替代的重要作用。

肩负繁荣发展我校哲学社会科学的历史使命，伴随东北老工业基地振兴的铮铮鼓点，"东北大学技术哲学博士文库"以高举远慕的心态，慎思明辨的理性，执着专注的意志，洒脱通达的境界，已问世二十载，蔚为大观。这是东北大学哲人"爱智之忱"的精神产儿，是东北大学学子苦心孤诣的汗中之盐。

叶茂缘于根深，流长因为源远。哲学之于东北大学，可谓根深、源远。早在20世纪建校之初，东北大学确立的办学宗旨即"研究高深学术，培养专门人才，应社会之需要，谋文化之发展"，并荟萃了梁漱溟、杨荣国等一批著名哲学大师在东大校园创办哲学系，执鞭育英才，使得东北大学因此成为当时东北地区哲学人才最多、研究水平最高的哲学研究中心和人才培养摇篮。逝者如斯，哲学文脉得传承；历史硝烟，东大学子哲思绵……

沐浴着共和国清晨的曙光，新中国成立后，以著名哲学家陈昌曙教授和远德玉教授为代表的一代哲人，"自强不息，知行合一"，承前启后，继往开来，把马克思主义哲学观运用于"人与技术的关系"领域，批判汲取欧美技术哲学和日本技术论的研究成果，紧密结合中国国情和技术实践，确立了具有东北工业特色和工科院校特点的科学技术哲学研究方向，开创了中国技术哲学研究之先河。特别是在技术本体论、认识论、价值论和方法论等方面，创立了独具特色的技术哲学理论，被学术界誉为中国技术哲学研究的"东北学派"。

回首历史转折之年，东北大学于1978年组建自然辩证法研究室，1984年建立科学技术哲学硕士点，1993年创建科学技术哲学博士点，2004年成为教育部"985工程"科技与社会（STS）哲学社会科学创新基地，2007年被批准为国家重点学科，并获得哲学一级学科博士后科研流动站资格，东北大学科学技术哲学的学科建设与时俱进，蓬勃发展。"宝剑锋从磨砺出，梅花香自苦寒来"。几十年斗转星移，辛勤耕耘、春华秋实：一代又一代专家学者在这片沃土上播种，一届又一届博士、硕士在这个摇篮里成长，一批又一批青年精英在这块园地中成才。如今奉献在学人面前的"东北大学技术哲学博士文库"即历年精英之所存，历届精华之所在。

为体现东北大学哲学文脉的历史传承和与时俱进的理论创新，展示中国技术哲学"东北学派"的代表性研究成果，为国内技术哲学理论工作者特别是优秀博士研究生提供学术争鸣的园地，促进中外技术哲学的学术交流，新世纪伊始，陈昌曙教授和远德玉教授亲自主持"东北大学技术哲学博士文库"（第一辑）的编纂和出版，极大地激发了广大青年学者的学术热情，促进了东北大学科学技术哲学的学科建设，提高了东北大学科学技术哲学博士点在国内的学术影响，增进了东北大学与国内外学术界的交流，谱写了学校哲学社会科学学科建设史上的新篇章。

二十年来，"东北大学技术哲学博士文库"已先后出版六辑，共60部。新一代东大学人继续编纂出版"东北大学技术哲学博士文库"（第七辑），旨在秉承陈昌曙教授提出的研究纲领，即突出特色——保持在全国同类学科中技术哲学的优势地位；加强基础——不断提高科学技术哲学研究的理论水平；促进应用——注重国家和地方经济社会现实问题研究；扩大开放——增强与国内外学术界的交流合作；不断创新——与时俱进，适应时代发展的新要求。我们将进一步发扬博采众长、汇融百家的开放精神和严谨求实、勤奋钻研的创新精神，展示东北大学青年才俊的学术风采，加强学科与学术队伍建设，促进新生学术力量的成长，使"东北大学技术哲学博士文库"的出版，能与东北大学哲学社会科学的学科建设和中国技术哲学研究的理论创新协同发展。

创造和培育哲学文化精神，需要历代哲人的学术传承与开拓创新；壮大和发展中国技术哲学研究的"东北学派"，也需要东大学子的著书立说和与时俱进。东北大学科学技术哲学研究中心将进一步发扬光大"天行健，君子以自强不息；地势坤，君子以厚德载物"的传统文化精髓，努力为博士精英、青年才俊创造展示学术才华、发表真知灼见的学术园地，为繁荣我国哲学社会科学事业作出新贡献。

陈 凡 朱春艳

2021年10月于沈阳南湖

前　言

奥林匹克运动是人类文明的重要组成部分，是人类身体展示和竞技的平台。随着时代的不断发展，技术因素在奥林匹克运动中的影响越来越大，技术与身体的融合越来越紧密。现代奥林匹克运动与古代奥林匹克运动有了巨大的差别。现代奥林匹克运动充斥着太多的技术要素，那个赤裸的身体也已经成为了被技术化的身体，而且出现了技术异化的现象，自然的身体也正在变得不自然。

奥林匹克运动与技术是两个不同的研究范畴，一个属于人文范畴，一个受到技术理性支配，当奥林匹克运动与技术尤其是现代技术契合之后，奥林匹克运动获得了巨大的推动力。身体作为联结奥林匹克运动与技术的纽带，目前受到越来越多学者的关注。现代奥林匹克运动的技术化发展正面临着一些问题，这些问题的出现是由于技术对身体的过度介入、奥林匹克文化价值与技术理性的互不相容以及身体欲望与奥林匹克规约的不协调所造成的。为了解决这些问题，运用哲学的身体理论，从身体视角研究奥林匹克运动技术化产生的困境具有重要意义。

要厘清奥林匹克运动中技术与身体的关系。奥林匹克运动的技术可归纳为身体、器物、规则、媒介四种形态，身体具有自然、竞争和社会文化三种属性。从身体与技术的互动来看，大致分为四层，即运动的身体即为技术、身体与器物的契合、身体尺度与技术规则的相互制约、身体展示与观念传播的促进。这四个层面从身体的自然到社会，从技术的内部及外部逐层展开，身体技术构成了奥林匹克运动的主体。

奥林匹克运动技术化过程中呈现出两种演化形态：一种是身体的技术化；一种是技术的身体化。前者是身体面向技术，对人的压迫感更强；后者是身体制约技术，身体的主导性更明显，技术的嵌入性更自然。技术身体化和身体技术化是身体与技术共融发展的两个方向，一个指向技术与理性，一个指向身体与感性。在这个演化过程中，技术的理性与身体的欲望之间保持着一种必要的张力，这种必要的张力维系着奥林匹克运动的健康发展，这种张力是动态的发展的动力。解决好身体之所欲与技术之所予这对矛盾，才能更好地解开奥林匹克运动中身体与技术之间的纽带，创造更加健康积极的未来。

当今时代是一个技术化的时代，人的技术化、社会的技术化都在发生着。技术化为奥林匹克运动的发展增添了动力，让更多的人参与其中。但是技术化为奥林匹克运动带来的问题也是显而易见的。奥林匹克运动应该让技术回归身体，以此种形式破解技术化带来的困境。由此掌握奥林匹克运动技术化的身体边界的重要性变得不言而喻。奥林匹克运动的本质决定了身体属性是技术发展的边界，回归自然的身体、文化的身体和伦理的身体，这样才能让奥林匹克运动更生态——回到初心。

作　者

2021 年 2 月

目 录

第一章 绪 论 ... 1
第一节 问题的提出与研究意义 ... 1
第二节 国内外相关问题研究评述 ... 5
第三节 研究思路和研究方法 ... 21
第四节 创新点 ... 23

第二章 基本概念界定和基本理论 ... 24
第一节 奥林匹克运动的概念、功能与本质 ... 24
第二节 技术化与技术化发展趋势 ... 38
第三节 哲学的身体理论 ... 44
第四节 唐·伊德的三维身体理论与奥林匹克运动中"技术的身体"表象 ... 56

第三章 奥林匹克运动中的技术与身体 ... 64
第一节 奥林匹克运动中的技术 ... 65
第二节 奥林匹克运动中的身体属性 ... 85
第三节 奥林匹克运动中身体与技术的关系 ... 102

第四章 奥林匹克运动技术化的两种演化形态 ... 109
第一节 奥林匹克运动的身体技术化 ... 110
第二节 奥林匹克运动中技术身体化 ... 117

第五章　奥林匹克运动技术化的困境与身体归因 …… 125
- 第一节　技术化未解决的历史难题 …… 126
- 第二节　技术建构身体的新态势和困境 …… 132
- 第三节　奥林匹克运动技术化批判的得失 …… 137

第六章　奥林匹克运动技术化的身体边界与困境之消解 …… 146
- 第一节　掌握奥林匹克运动技术化的身体边界 …… 147
- 第二节　平衡技术与身体之间的张力 …… 153
- 第三节　回归身体的必然之路 …… 162

第七章　结　论 …… 167
- 第一节　身体是奥林匹克运动中技术与身体关系的主导 …… 167
- 第二节　奥林匹克运动中技术化存在的两种演化形态 …… 168
- 第三节　奥林匹克运动技术化困境的分析需要"身体"视角 …… 169
- 第四节　奥林匹克运动技术化困境的消解需要回归身体 …… 171

参考文献 …… 173

后　记 …… 190

第一章

绪　论

第一节　问题的提出与研究意义

（一）问题的提出

奥林匹克运动建立在人体某种特殊运动基础之上，而且仅仅是人的身体的运动，运动都是以主动的身体运动为先决条件的[1]。身体是奥林匹克运动的主体，有目的性的身体活动构成了奥林匹克运动基本动作单元。奥林匹克运动为身体提供了一个展示、再现、解放的平台，身体在这里比拼自己的力与美、释放自己的"力比多"，最终找到自己于世界中的本真意义。身体撑起了奥林匹克运动存在的价值和意义。

身体联结着奥林匹克运动与技术，是它们的桥梁和纽带。纵观奥林匹克运动发展史，技术深深影响着奥林匹克运动的进步，这种进步不单纯地体现在运动成绩的提高，还包括其他各环节的共同发展。技术坚定了奥林匹克运动向着人类"更快、更高、更强"的目标迈进。技术使得身体的训练更加科学合理、比赛的过程更加精彩纷呈、比赛规则更加严谨和公平等；同时也让奥林匹克运动在经历了昌盛、衰败、沉寂之后，在当代涅槃重生，并成为人类历史上参与国家最广、参与人数最多的社会文化活动。

奥林匹克运动是人类文明重要的组成部分。奥林匹克运动是独特的文化现象。奥林匹克运动作用于社会的不仅仅是体育力量，更是一种文化力量。这种文化力量对人们的行为趋向、道德升华、心理感受、价值观念、文明导向等方面有着巨大的感染力、影响力[2]32-34。现代奥林匹克运动的滥觞时期实行"业余原则",对于选手的参赛资格是有严格的限制的。奥运会明令禁止职业选手(以体育训练为职业或谋生手段的人)参加比赛,职业拳击运动员、职业篮球运动员等都不允许参加奥运会。这样做的目的就是为了让更多的人能够在平等条件下参与到奥林匹克运动中来,体会到奥林匹克运动的乐趣,并且能够限制人们运用专门化的手段和方法来获得利益,从而造成比赛的不公平或者是对身体的损坏。但是随着时代的发展,奥林匹克运动也逐渐被职业化、商业化所笼罩。自第23届洛杉矶奥运会(第一届盈利的奥运会)以来,奥林匹克运动的赛场成为了商家的宠儿,各个品牌都以能够赞助奥运会为荣,从赛场上的运动健儿的身体到运动场地器材无不渗透着商业的影子。金牌和记录成为了赛场上的唯一标准。在奥运会的赛场上,任何因素都对成绩和金牌的归属起到很大的影响。那些参与其中的运动员的身体,必须经受超强的刺激甚至是折磨达到在比赛中的万无一失。身体也正在经历着非常人的规训,这导致了身体的过度疲劳及损伤。更有人不惜通过药物等手段来促逼自己的身体,以达到获胜的目的。这些现象的发生让我们看到了奥林匹克运动光鲜背后的另一面,也与我们理想中的奥林匹克运动渐行渐远。

　　奥林匹克运动的核心是身体的竞技、展示与再现。随着科学技术的不断发展,技术在奥林匹克运动中的参与愈加深入,技术与身体的融合越来越紧密。人们再也无法回到古代奥林匹克时代,即纯粹依靠身体进行比拼的时代。现代奥林匹克运动充斥着太多的技术因素,从服装、器械、场地到训练器材无不渗透着科技的影子。虽然形式上我们还是那个赤膊身体的比拼,但那个身体也已经是经过现代技术内化的身体。各种训练的技术方法和手段,高技术的监控和评价体系,先进的训练器材和设备,这些技术或者技术物已经开始内化到我们的身体,那个赤裸的身体也已经是技术化的身体。这种技术对身体的内化体现在方方面面,鲨鱼皮泳装作为人们皮肤的延伸,虽然已经被禁用,但是它的出现,确实大幅度地提高了游泳运动员的成绩,受到运动员的追捧;人造肢体已经在奥林匹克的赛场上出现；生物技术及基因技术已经足够成熟，能够让身体在竞技场上迸发出更多的能量；随着虚拟技术、人工智能技术的不断发展，曾经代表人类最高智慧的围棋运动也被人工智能所攻破，随着人工智能"阿尔法狗"击败顶尖围棋高手，人们开始了对于 AI 技术以及赛博空间中身体的探讨和反思。

技术已经渗透到社会的方方面面，其深层影响是人的全面技术化[3]。技术化是人们不可回避且必须面对的一个过程。纵观现代奥林匹克运动的发展历程，其实质是奥林匹克运动中的身体与技术渐融的过程。综上所述，可归纳出奥林匹克运动出现问题归根结底都是身体与技术的问题，那不禁要提出以下的问题：

① 从身体这个主体出发奥林匹克运动的本质是什么？其功能又是什么？

② 奥林匹克运动中技术的形态和功能是什么？奥林匹克运动的身体属性是怎样的？技术与身体的关系是如何的？

③ 奥林匹克运动技术化的演变形态是如何发生的？奥林匹克运动技术化的边界在哪里？是否应以身体为边界？

④ 奥林匹克运动技术化中的身体困境和发展趋势是什么？以及如何摆脱这种困境？

（二）选题的意义

1. 理论意义

身体是哲学的研究范畴，从古希腊哲学开宗伊始，精神与身体的关系就一直是哲学所探究的核心问题。到了近现代身体在许多学科中的复归，并不只是对理论多元化和跨学科研究的反映，亦是与诸多社会和文化实践相结合的必然结果[4]。奥林匹克运动作为以身体的展示和竞技为基础的社会文化活动，用身体理论对其进行分析和研究，将丰富身体理论在具体领域的实践意义，对身体理论有着特殊的意义。

人在技术的支持下，逐渐地从自然选择和生存竞争中脱颖而出，逐渐摆脱了受自然力支配的被动地位，逐渐学会了模仿自然，进而成为改造自然的主体[5]。奥林匹克运动是人类发展历史上非常重要的社会文化活动，其发展规律也是符合人主体地位获得的规律的。

技术帮助人完成了主体地位的获得。本书对奥林匹克技术化的研究将丰富技术哲学理论，并对丰富技术哲学研究范畴起到一定的作用。

奥林匹克运动和技术是两个不同的研究范畴，一个属于人文范畴，一个受技术理性支配。奥林匹克运动与现代技术的结合，使奥林匹克运动获得了巨大的推动力。在过往的研究中，从奥林匹克运动与技术的关系等方面入手，已经做了一些研究，并提出了一些建设性的意见。但是以往研究者都忽略了奥林匹克运动与技术的契合点——身体。奥林匹克运动与技术的契合过程正在不断地发生着，技术给奥林匹克运动带来的影响也是非常明显的，包括传统的伦理学以及技术哲学都对这个过程进行了批判或审视，但是以身体作为一个出发点，利用身体理论、从身体出发对奥林匹克运动技术化这个对象进行分析还是比较有意义的，这样不但丰富了奥林匹克运动技术化的视角，也对身体理论在现实领域的应用提供了很好的思路。也为技术哲学在社会文化领域中的应用以及突出身体理论在具体实践中的意义起到积极的促进作用。

2. 现实意义

奥林匹克运动正在不断地接受着技术的挑战和考验，奥林匹克运动与技术也形成了从最初的借用、辅助、支持，到现在的融合与共生模式，可以说技术对奥林匹克运动身体的内化趋势越来越明显。材料技术、医疗技术、生物技术、基因技术，以及人工智能技术都开始逐步在奥林匹克运动中得到应用，该如何使用好并限制好这些技术，保证奥林匹克运动公平、干净，消除对身体造成不利的影响因素，将是未来一个时期研究者要面对的问题。本书研究从身体的视角出发，对奥林匹克运动中的技术进行梳理、审视，期望为奥林匹克运动的技术化指明方向。

北京是一个既举办过夏季奥林匹克运动会又即将举办冬季奥林匹克运动会的城市。2008年北京夏奥会、2022年北京冬奥会为奥林匹克运动在中国的传播和发展提供了良好的契机。众所周知，现代奥林匹克运动会中高新技术已经成为了一个不可或缺的部分，奥林匹克运动也成为了一个展示高科技的舞台，在2008年北京夏奥会上"科技奥运"已然成为三大理念之一，正是在高新技术的支持下，中国举办了一届有史以来最成功的、用国际奥委会前主席罗格的话说就是"无与伦比"的奥运盛会。那么接下来的2022年冬奥会,应该如何利用好技术呢?期望本书研究能够对奥林匹克运动技术化这个议题通过身体理论的审视,给出一些答案,这对于中国的奥林匹克运动的实践也不无意义。

第二节　国内外相关问题研究评述

(一)"技术"与"技术化"的相关研究

在人类的最早期就有了技术,给技术下一个贴切的定义是必要的,但也是困难的。尼采曾指出:"只有无历史的东西才可以下定义",给技术下一个定义——下一个非历史的全面概括的定义是困难的。定义技术,就像是给科学、物理、文明、信息等"大概念"下定义那样,是不可能用通常的"种加属差"的方式表述的。

在古代的汉语里"技"和"术"是两个相对独立的概念,"技"表示某种艺术(如歌舞),但主要泛指才能、本领,如"凡执技从事上者,祝、史、射、御、医、卜及百工"(《礼记》)。柳宗元讲的"黔驴技穷"的故事中的"技"就是指活动本领或才能。"术"的意思就更加广泛了,凡是能用于表达目的的均可称为"术","夫圣贤之治世也,得其术则成功,失其术则事废"(《论衡》),方法、手段、策略、方术、计谋、权术都是"术"。在英语里面,和"技术"这个词相对应的单词有些多,art、skill、technique和technology翻译过来都有技术的意思。只不过是前两者主要指技艺、技能,后两者则都是与汉语中的"技术"相当。但technique和technology又有所区别,前者多指事物的"制"(making)和"做"(doing)的具体操作和专门方法,就二者关系讲,technology乃是对多种technique的系统研究[6]74-77。

陈昌曙、于光远等科技哲学家认为技术的定义可分为广义和狭义两种,狭义的技术被认为是"人类为了满足社会需要而依靠自然规律和自然界的物质、能量和信息,来创造、控制、应用和改进人工自然系统的手段和方法"[7]。广义的技术是指埃吕尔界说的"技是合理、有效活动的中和，是秩序、模式和机制的总和"[8]。这是目前国内对技术做的比较权威的界定。

技术不仅是人类文明的重要内容，而且也是建构其他文明形态的"脚手架"。人一开始就是技术的人，人类的发展就是不断技术化的过程[9]。人类依靠技术不断增加自己驾驭自然以及自身的能力，创造了丰硕的精神文明和物质文明的成果。人的技术化是不可否认的历史事实，其间人类的进化与异化并存，其本质是"人与技术双向互动过程中人的本质力量与技术品性的融合"[10]。技术化是一个动态的发展过程，或者说是一个技术扩展的过程。主体向技术方向发展是渐变的、逐步推进的。这个过程必然是从主体对技术建立初步认识的基础上开始的。主体在与技术所发生的交互关系过程中，逐渐地认识到技术效益的可观性与自身发展需求的契合性，从而推进技术的引用过程。而进一步的技术效益的有效展现，不仅加剧了主体对技术的依赖，而且更为重要的是导致主体依据技术的要求行事，因为只有这样才存在一种可能——获得技术效益的最大化，从而获得主体自身活动效益的最大化[11]。技术化是在现代文明下事物从一种自然状态不断演变为一种依附于技术的状态[12]。上述学者的观点都倾向于把技术化看成人类发展过程中一个必然的过程，当技术出现的时候，技术化就开始了，技术化的过程是人们对技术效益的追求，各行各业各个领域都经历着技术化过程，奥林匹克运动也同样经历着这个过程。

技术化是技术哲学研究中的一个热点问题，有关技术化、人的技术化、社会技术化的概念界定很多。本书研究认为，"技术化"是某种事物性质或状态向技术的性质或状态进行转变的过程，"走向"技术为这个过程的终极目的。如果归纳一个更为简单一点的"技术化"的概念，技术化就是某主体的技术建构过程。技术化是一个变化的过程。

王伯鲁通过广义技术界定认为，技术是人的本质属性，技术化的过程是人类进化的一部分，人一开始就是技术的人，人类的发展就是不断技术化的过程。他对于技术化持一种乐观的态度，认为技术是人的本质，技术化过程是人们进步的过程。技术的进步被认为是一种进化,但是在人类的发展历史上,现代技术的出现还只是历史上的很小一部分。海德格尔关于技术的本质论述认为,现代技术是一种"集置(Ge-stell)",现代技术将为人类带来未知的灾难,这些都是需要去探讨和研究的。董传升对技术化的基本内涵、技术化的本质以及技术异化的必然性等方面进行了论述,他认为技术化是一个发展的状态抑或一个技术扩张的过程,认为技术化就是主体为了获得最大的收益而与技术进行契合的过程,技术化过程中技术的异化是不可避免的,从抽象意义上来说,作为技术扩展过程的必然结果之一的技术异化现象的发生,同时也必然是一个技术理性扩展的过程。在该研究的技术化语境里面,技术异化是技术化的必然产物,抑或是在技术化的发展初期就与技术化同时发生着。以上两位学者,与其说都把技术化作为一个人类发展的必然过程,毋宁说是一种人的本质的体现。而本书研究试图从身体和自然角度出发来阅读技术,最终达到对技术化的审视。

罗玲玲从人的创造性与自然的关系入手,认为技术化本身就是技术的实现过程。这里她把技术和人本身或者说是自然进行了划分,这与王伯鲁把技术作为人的根本属性是相区别的。认为人的技术化就是去人的原发状态,渐渐似自然生存。什么叫"似自然",即具有自然的创造性。人的似自然就是使人貌似有自然界那样的创造自由度。首先,人的技术化是技术属性逐渐添加的过程。人一开始仅发展了利用某个器官的技巧,工具的发明使无机技术逐渐与人的身体技术整合在一起,借助自然力量的创造性转化而使人添加自然界其他事物属性的过程。"人类制造了能犁地的机器,岩石的坚硬属性赋予人类;人发明了飞机,鸟会飞翔的属性赋予人类;人类缝制衣服,狗熊有厚厚的皮毛防御寒冷的属性赋予人类,等等,这一过程也是人的技术化过程。"[13]这体现了技术化的一种生态观,技术化的过程是人们向自然学习的过程,也让身体成为技术化的主体成为了可能。罗玲玲认为技术化就是人性某方面的实现。因为技术就是人性的一面镜子,人的技术化的原因是因为人不满足于自己的原发状态,要摆脱受控于自然的状态。人的技术化就是去人的原发状态,是技术属性添加的过程,是人性某方面的实现。人类过度的技术化需要伦理来进行规训。把技术化的过程引入伦理、道德的考量。技术理性与人文价值的必要张力，初步形成。

陈维维提出人的技术化就是技术对人的本质力量进行建构的过程，把人的本质力量分为自然力和技术力。技术对人的本质力量的作用在空间维上表现为技术对人的自然力和技术力的建构；在时间维上表现为技术对人的本质力量的发展性建构[14]。这是对人的本质的一种折中的二分法，强调技术对人的建构，但却忽略了人的主观能动性，是一种海德格尔式的唯技术论。李凤美对人的技术化是持肯定态度的，并对技术悲观主义者的观点进行驳斥，认为技术化可以看作人与技术在双向互动过程中人的本质力量与技术品性的融合。人的技术化，尽管伴随着异化的风险，仍然是人类通达自由与解放的合理途径。其从马克思主义的整体时间观出发认为，人与技术都处于双向互动、双向建构中的"未完成状态"。人的技术化就产生于这种双向互动过程之中。他运用马克思主义辩证的思想对技术的主体化和客体化进行了辨析，认为这个过程是个双向可逆的过程，是人类进步的必然过程，技术化是人类完善自我、发展自我的必然手段。人们能够通过自然的选择完成对技术的选择。该观点把人的技术化看得过于狭隘，也忽视了人们在技术化过程中的主动地位。该观点对人的技术化过程持有乐观积极的态度，充分肯定了人在技术化过程中的主导地位。

综上所述，技术化作为技术与人相契合的发展过程，被认为是人类发展的必然过程。但是在这个过程中，人的身体在技术化的过程中是一个什么样的定位？技术化与身体的关系又是什么？莫斯把人的活动都归纳为技术的范畴，称为身体技术，是受到文化和环境的影响而形成的。身体的技术化与人的技术化以及社会的技术化的关系又是怎样的？这些疑问在上述的研究中都没有找到答案。身体作为人存在于世的根本，其技术化过程又是怎样的？也是我们值得去思考的。

（二）奥林匹克运动的相关研究

奥林匹克运动是指在奥林匹克精神的指引下组织的运动项目的总称，是人类重要的社会文化活动。《奥林匹克宪章》指出："奥林匹克运动是增强体质、意志和精神并使之全面均衡发展的一种人生哲学。奥林匹克运动谋求体育运动与文化和教育相融合，创造一种以奋斗为乐、发挥良好榜样的教育作用并尊重基本公德原则为基础的生活方式。"奥林匹克思想体系是由现代奥林匹克运动的创始人皮埃尔·德·顾拜旦提出并创立的。他不断以各种新思想来充实发展奥林匹克主义。国际奥委会召开代表大会专门讨论奥林匹克主义的各种科学问题，逐渐形成了较为完整的现代奥林匹克思想体系。在建立奥林匹克思想的理论基础和教育学基础方面，顾拜旦也作出了巨大的贡献。他认为体育、科学、东方体育文化和艺术应当相互结合、相互补充，汇集于奥林匹克思想之中。顾拜旦的这一预言，在现代奥林匹克历史上，也已经得到了令人信服的证明。经过一百多年的发展，奥林匹克运动会已经从普通体育盛会和少数热心者的向往，转变为复杂的世界民族的社会科学和社会实践运动[15]。奥林匹克运动的目的是推动人的全面发展，这是现代奥林匹克运动的发展目标，但是随着奥林匹克运动的不断发展，这一目标正在被削减或是取代，竞争成为了奥林匹克运动的核心。

奥林匹克运动会是奥林匹克精神和奥林匹克运动的集中体现。奥林匹克运动的活动可分为两个层次，一个层次是持续的、全球性的群众性体育活动，这是奥林匹克运动的基础；另一个层次是奥林匹克运动会，这两个层次不是并列的，奥运会是奥林匹克运动的最高层次[16]。奥林匹克运动会是奥林匹克运动思想、精神体现的最集中场所，其竞技程度也是最高的。

在现代奥林匹克运动发展的100多年里，奥林匹克运动克服重重阻力，获得了蓬勃的发展，成为当今世界规模最大、影响最深的文化活动，也成为现代文明生活的显著标志。自古以来，在奥运会的赛场上就是竞技、文化与艺术相结合。近现代最早提出奥林匹克运动这个概念的人是法国人顾拜旦。后普法战争时代的欧洲，残酷的民族纷争的现实与伟大的世界和平理想之间横亘一道鸿沟，顾拜旦跨越这道鸿沟的桥梁就是"混淆蕴含于体内的民族主义和国际主义冲动的差别"，从而提出了"复兴每4年给全世界青年一次愉快的、亲兄弟似的相聚机会的奥林匹克运动会将逐渐克服人们相互之间的仇恨、误解和对抗"的普世哲学。《奥林匹克宪章》以基本原则的形式将顾拜旦的哲学思想加以深化:"奥林匹克运动是增强体质、意志和精神并使之全面均衡发展的一种人生哲学。"专家学者也从不同方面对奥林匹克运动进行了研究和总结。在1894年代表大会的演说中,顾拜旦最早提及奥林匹克运动一词:"这一晚,电波把消息传至四方,古希腊奥林匹克主义经历几个世纪的黯然失色之后又重返世界。"[17]1910年,他明确提出用"奥林匹克主义"一词来概括他的基本理念。奥林匹克运动是组织形式意义上的体系,要体现个人乃至整个人类的道德精神态度。从这以后,奥林匹克运动的哲学与教育维度成为顾拜旦关注的重点问题。熊斗寅先生认为:"奥林匹克宪章是现代奥林匹克运动的经验总结和理论体系,是现代奥林匹克运动的指导思想。"[18]综上所述,奥林匹克运动不是一个单一的竞技运动,是融合了文化、教育等价值的一个人类活动,成绩不是其全部,其背后体现的精神才是其真正的含义。

迪卡娅选择从历史哲学的视野探究现代奥林匹克主义形态,她认为:与奥林匹克主义紧密相关的结构的表达不能够被直接观察,而只有对不断阐释、丰富奥林匹克主义的理论家们的思想进行解读,才能发现奥林匹克的秘密,这就是奥林匹克主义必然被"意识形态化"的结果。在福柯权力与知识的话语体系中,奥林匹克主义的叙事显然是一种不断被知识分子们强化的"意识形态"。福柯认为:一切知识、言谈(话语)都处于权力网络之中,并在一定条件下转化为权力,没有纯乎其纯、不计功利的话语,存在的只是权力笼罩下的话语。知识和权力是同一个过程的两个方面,知识不可能做到中立与纯粹。运用福柯的理论解读奥林匹克运动被权力所建构的过程,这种建构是带有偏见和某种价值取向的。

曼德尔(Richard Mandell)指出:"奥林匹克意识形态常被批评成与这个时代的大型事件紧密相连的、虚假的、霸权的意识形态,而奥运会则是寻求权力、声望和利益的工具。"[19]不可否认,奥林匹克运动是带有这种被权力所侵蚀的倾向,奥林匹克运动发源于欧洲,伴随着现代的科学技术革命的发展而产生。它融合了英国的户外运动、德国的军事体操等竞技主义的思想,这些都迎合了当时欧洲统治阶级的需要。

一方面奥林匹克主义也深受着全球化的影响，民主、自由贸易、媒体扩张对奥林匹克主义的冲击与塑造及其带来的负面问题——兴奋剂、球场暴力、科技依赖等现象将奥林匹克运动变成了西方工业化社会日常生活矛盾的窗口；另一方面，全球化进程中体育的传播却产生了新的文化悖论，即体育全球化带来了反体育全球化的运动与思潮，如伊格伯格（Henning Eichberg）所言："起源于世界不同文化传统的身体文化的兴盛将导致奥林匹克体育的统治和西方殖民时代的终结。"[20]将全球化在奥林匹克背景中的文化冲突列为较为复杂的五个维度颇有启发意义，即普遍化与特殊化、同质化与分化、一体化与碎片化、中心化与去中心化、并列化与融合化[21]。全球化是技术变革带来的一场全球范围的变革，在这场变革中，奥林匹克运动也借着全球化的东风，进行了世界范围的扩散，与此同时也带来了冲突。

奥林匹克文化是一个宽泛的概念，它是指奥林匹克运动的全部思想和活动内容，也可以解释为从古代奥运到现代奥运为人类创造的一切精神财富。奥林匹克文化是社会文化的一个组成部分，是在古代和现代奥林匹克运动实践中所创造的一切精神财富的总和[22]。这一概念的提出运用了马克思主义理论进行界定，但是在具体的把握上，对精神财富的把握需要一定的基础。

熊斗寅先生从奥林匹克运动的文化入手进行了论述，他认为：奥林匹克文化的内涵非常丰富，也可以把奥林匹克文化分为广义和狭义两大部分。广义的奥林匹克文化应该包括古代奥林匹克传统、现代奥林匹克运动、奥林匹克主义、奥林匹克理想、奥林匹克精神以及所有的奥林匹克活动如奥林匹克运动会、大众体育、奥林匹克文化活动、奥林匹克教育和奥林匹克商业活动等。狭义的奥林匹克文化是指与奥林匹克运动有关的文化艺术活动以及各种视觉形象，如奥林匹克标志、旗帜、奖章、招贴画、格言、徽记、会歌、奥运会火炬、奥运会吉祥物、奥林匹克纪念币、奥林匹克邮票以及奥运会开闭幕式，奥运会期间举行的文艺表演、科学报告会和奥林匹克大众传播等。

李翔等通过对身体本体论哲学的解读，寻求身体本体论哲学与现代奥林匹克运动中的奥林匹克主义概念的内在联系，提出奥林匹克主义是一种身体本体论哲学的结论。奥林匹克主义这种身体本体论哲学从人身体的和谐发展出发，具有完美社会理想的认识论意义和在健康、教育等方面的方法论意义。作者从以下四个层面这样理解这个定义：① 奥林匹克主义是一种哲学，从增强体质开始。这种哲学的传承者首先是人的生物身体。② 这种哲学是增强体质、意志和精神并使之全面均衡发展的一种人生哲学。换句话说，这是人的和谐发展的一种哲学。因此，这种哲学的传承者同时是人的生物身体基础上的抽象结合体。③ 这种人的和谐发展的方法是通过体育运动与文化和教育相融合的。④ 这种人的和谐发展的价值判断是以奋斗为乐、发挥良好榜样的教育作用并尊重基本公德原则为基础的生活方式。从前面的分析可以得出：奥林匹克主义是一种哲学，这种哲学以哲学意义上的"身体"作为思辨的逻辑原点，所以"奥林匹克主义"是一种身体本体论哲学。正如《奥林匹克宪章》中的"奥林匹克运动是增强体质、意志和精神并使之全面均衡发展的一种人生哲学"的表述。奥林匹克主义从本体论哲学上的身体出发，是一种身体本体论哲学，在其认识论和方法论上，追求以奋斗为乐、发挥良好榜样的教育作用并尊重基本公德原则为基础的生活方式的价值判断，并通过体育运动与文化和教育相融合的方法手段来实现这种本体认识。[23]32-33

综上所述，本书研究提出以下观点。

第一，奥林匹克精神含有对身体的尊重，强调人的全面发展，挖掘奥林匹克精神的内涵，有助于奥林匹克运动技术与身体关系的研究，这是以前的学者尚未做过的工作。

第二，对奥林匹克意识形态和文化的反思，揭示了一些奥林匹克运动技术异化的现象，也从理论分析了产生的部分原因，但是还是缺少基于技术与身体融合的现状、特征的剖析，以及找到摆脱困境的身体回归路径。

第三，奥林匹克身体哲学的研究，为本书研究奠定了本体论基础，但目前学者们的研究还没有从技术哲学的视角分析奥林匹克运动的身体，也没有把握身体技术这一主要形态进行剖析。

（三）奥林匹克运动技术化的相关研究

奥林匹克运动技术化是一个发展的过程，其实质是奥林匹克运动这个社会文化活动与技术的契合，从历史的角度来看，随着时间推移奥林匹克运动的技术化程度加深。目前国内外对奥林匹克技术化的研究有许多，从不同的角度对奥林匹克技术化进行分析，但以批判的视角居多。奥林匹克运动的技术化过程伴随着奥林匹克运动的技术进化，同时奥林匹克运动的技术异化也是不可避免的。在体育领域中，专门研究技术异化问题的研究非常少。随着体育领域中技术投入的不断增大，才有越来越多的人开始关注这一问题。但是在很长的一段时间里面，很多专家学者从不同角度论述的都是技术在体育领域中的积极作用。赵宗越从科技帮助运动员改进动作技术、协助运动员掌握训练技巧、预测运动成绩等几个方面对科技的积极作用给予肯定。胡利军则从运动技术改进、运动员选材、运动营养等方面对技术促进运动训练科学化发展的作用进行了描述。而武勇成对技术促进竞技比赛公正化方面给予了高度评价，他认为技术所表现出来的准确、迅速、方便等特性提高了裁判的工作效率，使裁判工作更加科学化，从而保证了竞赛的公正公平。赵致真对奥林匹克运动领域的各种科技现象进行了详细描述，并着重从生物力学的角度对运用其中的科学原理进行了详细的分析。他认为"人体的一切运动必须遵循基本的力学规律，随着运动生物力学研究的深入，体育技术不断改进，运动成绩也不断提高，从而改变了体育的面貌"。张红霞、周军谈到了技术革命成果对奥林匹克运动的管理产生的巨大的影响，他们认为计算机等现代信息技术手段大量应用于体育赛事和体育组织的管理当中，大大提高了管理效率和管理水平，使人们能够有条不紊地进行规模庞大的现代体育赛事的组织工作。另外，随着"科技奥运"理念的提出，关于技术与体育方面的研究更是成为了热点，一时间出现了大量这方面的著作和文章。如李颖川的《奥林匹克运动与科技创新》，司虎克等的《科技进步对我国竞技体育的作用与贡献》，许玲的《现代科技革命与现代体育的新发展》，韩永红的《"科技奥运"与体育信息环境建设研究》，史文清的《科技进步与我国体育事业发展》,姚谦的《现代科技与终身体育》等,都从不同方面描述了科技的积极作用。

但是,也有一些学者从另一方面出发开始关注到体育领域中的技术异化问题,尤其是奥林匹克运动中的技术异化问题更是成为了比较热门的话题。如袁海强从发展与传播的角度谈到了奥林匹克运动中技术因素带来的问题,他认为"竞技运动在全球化的传播中,在商业化的运作中,在职业化的普及中,已完全被技术化了""奥林匹克运动已经被技术异化了",并对技术所表现出来的异化现象进行了分析。马玉林认为:现代生物技术在促进奥林匹克运动发展的同时带来了许多问题,如基因治疗方法的使用不当会成为新的兴奋剂问题,奥林匹克运动参赛的权利会受到质疑,运动员的选拔和培养会受到公平的考验,用克隆人作为辅助训练手段要受到道德的谴责,运动员身体健康要受到严重危害,人类传统伦理观念将受到强烈冲击,并对如何实现现代生物技术与奥林匹克运动协调发展提出了一些建议。董传升对"科技奥运"的实质、历史进程、产生的困境以及如何消解进行了较为全面的分析。他认为科技应用所显现出来的技术效益促使人们在更大范围内、更深层次上引进技术,从而逐渐地使奥林匹克运动形成了对技术的依赖,最终使奥林匹克运动技术化了,而技术化了的奥林匹克运动却又陷入了哲学的、道德的、伦理的和逻辑的困境之中,而"科技奥运"困境的实质就在于技术的异化。胡小明也认为滥用技术的异化倾向导致了世纪体育的人文价值危机,"狂热地崇拜技术,可以提升体育的效果,特别是可以迅速地提高竞技运动的成绩,但是也可以带来像癌症一样的兴奋剂之类的不良现象附着于奥林匹克,还可以引起诸如基因替换甚至整体克隆优秀运动员这样对体育的毁灭性后果"。周爱光对竞技运动异化的各个方面进行了分析,他认为竞技运动中目前存在着"政治的异化"、"社会舆论的异化"、"兴奋剂的异化"、"金钱的异化"、"暴力的异化"和"权利的异化"六个方面。另外关注奥林匹克运动中技术负面问题的文章还有,冯作龙的《尼采的"权力意志"与奥林匹克运动异化研究》,李跃进的《浅析奥林匹克运动的"异化"的内部根源》,史忠健的《奥林匹克精神的异化与回归》,曾玉华的

《奥林匹克元典精神的异化与价值取向的转移》，赵建国的《有关奥林匹克运动异化因素问题的思考》，姬上宾的《竞技运动异化问题的社会学分析》，李少锋的《兴奋剂与奥林匹克运动》，凌平的《国际兴奋剂检测与奥林匹克运动的新难题》，李晓英的《论奥林匹克运动商业开发的利与弊》，刘俊杰的《试析现代奥运会商业化的异化》等。通过对先前相关文献的归纳和总结，可以看出，随着各种高新技术越来越多地运用于体育领域，技术异化问题也渐渐地引起了学术界的重视。在奥林匹克运动方面，目前众多学者专家主要研究的是存在于其中的各种异化问题，而技术异化问题只是作为其中的一个问题被提及，并未对其作更为深入的研究。而实际上随着技术在奥林匹克运动中的大量运用，奥林匹克运动中的技术异化问题已经变得越来越严重了，如果不加限制，那么将严重影响到奥林匹克运动本身的发展，甚至可能使得整个奥林匹克运动走向一个完全未知的方向。因此本书研究将以一般异化理论为基础，深入剖析奥林匹克运动中的技术异化问题，旨在为奥林匹克运动持续健康地向前发展谋求理论和实践意义上的建议。

奥林匹克运动是以身体为基础的文化活动，技术化是如何影响到身体这一根本问题的，目前缺乏专题的研究。因此，缺乏从整体上展开技术化与身体之间的研究，是奥林匹克运动技术化研究的一个缺憾。从上述已有的研究不难发现，奥林匹克运动所面临的困境，归根结底都是身体的问题，对身体造成的伤害、让身体受到不公正的待遇、身体边界被破坏等。身体是奥林匹克运动技术区别于其他领域技术的一个重要环节，只有抓住身体这个关键点，才能更好地理解奥林匹克运动技术化。

（四）身体的研究

身体的复归是与理智的衰落相联系的。随着心灵放弃了在身心关系中的主导地位，身体的地位得以高扬。同样，伦理学也从理性中赢得了它的自主性，并且开始成为一个有着独特身份的社会学领域。尽管许多社会学者面对身体会有所保留，但他们仍然强烈地发出了道德关切的声音。"身体之所以重要，其根本缘由乃是基于如下假设，即身体的各种能力、感觉、体验和管理，不仅是实施人的行动与约束的核心要素,而且对社会系统的形成和维护来说也是至关重要的。在一定程度上,这种假设来自哲学人类学的关注,以及梅洛-庞蒂的现象学。"[24]

伦理的身体是在现代性视域中凸显出的一种新的身体类型。由于现代的发展,原先的人类境遇的传统关怀大多都被征服、控制和取代了:现代生活允诺人们可以脱离变幻莫测的身体、脱离自然的限制以及脱离地方的乡土联系[25]。当代是一个本质主义和反本质主义、全球化、后殖民主义和单一民族国家、新民族主义和跨国合作极为扩张的时代。我们生活在一个焦虑的时代,存在论意义上的不安全感是普遍的;我们生活在一个有趣的时代,过去的一些价值普遍需要重新审视。理性、真理和进步的启蒙价值观受到来自愉悦、欲望、感觉和情感的严重挑战。身体出现在价值的重估中,很大程度上是因为现代性和理性权威的消解,以及人们独特的道德困境的增加。

当代生活呈现出现代这样一种局面,就是依靠"传统"或者"传统的权威"来解决伦理困境再无可能。传统的身体尚未面对困境的增殖,而当现代生活是以宗教权威、政治权威和科学权威的确定性的衰落为目标的。曾经,这些权威试图创造并解决20世纪晚期的伦理和道德问题。而今,伦理的增殖和问题化成为时代的特征。戴维·拉斯姆森认为:伦理已经成为一个时代的基本特征,以至于"时代精神具有伦理标志"[26]。这种新的"时代精神"通过谈论道德危机的媒体话语得以加强。人们需要一种秩序感,需要一个与新的伦理困境进行斗争的社会。这种情景激励着具有新的伦理主张的多元声音的出现,在过去的几十年间,这种道德议程得到了迅速发展,以至于我们现在生活在一个充满了道德话语的世界中。

正是对现代性的不满激发了关于伦理与身体的争论。为了探索身体的"生活的方式",伦理学将我们带入了哲学或社会学的理论范畴。并且,随着伦理学与以理性为中心的传统之间的斗争不断推进,作为欲望载体的身体也成为伦理话语重新表述的重要渠道。"伦理既是对内在生命的看护,也是对外在秩序的诉求和表达,是对生命感觉的梳理和实现生存的规范,而这种梳理和规范又是以身体的在世生存为起点的。"[27]而道德、美学与身体在社会学中的会合，产生了"伦理的身体"的概念。概言之，"伦理的身体"是随着现代性和理性权威的消解，以及主体的道德困境增加而出现的一种新的身体类型。身体出现在价值重估中，身体的感受成了价值的重要来源。

与其他的身体类型相比较，"伦理的身体"旨在强调情感的身体，而不是理性的身体。在关于涉身的伦理学中，有两种不同的关注倾向。一种以福柯为代表，强调"批判的自我反思"在审美生活中的重要性，这就导致了个体对技术和外表的关注，他指出审美伦理是以感受和关系为特征，是移情而不是理性维系着"情感共同体"的联系[28]。

现代性中的伦理学不仅是在理性主义的框架中建立起来的，而且还建立在"所见即所知"这一假设的基础上。马丁杰伊将其称为视觉中心主义。现代性是源于笛卡儿的视觉中心主义的视觉文化，"视觉对身体的塑造是关于身体审美化眼光的改造，也是视觉话语权利的行使"[29]。但是，20世纪的文化批判已经不断演变成对视觉的"断定的"本质进行批判。这不仅巩固了我们认识这个世界的方式，而且对提升伦理思想和行动的价值观产生了深刻的影响。即使后现代转向解释了一个超视觉的世界和碎片化的图像，在后现代中依然有一种"强有力的视觉冲动"[30]，他们主张一种开放的、关怀的、可变的视觉。视觉是由男权主义主导的，以至于将女性建构为被注视的客体。因此，伦理学应当负担起另一种责任，"它对我们的身体健康、情感生活和智力发展是最重要的"[31]。

齐格蒙特·鲍曼的责任伦理学认为，"道德现象本质上是非理性的"[32]，因为道德责任先于理性的计算。道德语境是有冲突的，而道德自我是不确定的，通过道德行动的变迁来感受道德语境。但是，鲍曼的后现代伦理学并没有给"涉身"留出一个特殊的位置。鲍曼的伦理学主张来源于列维纳斯的反本体论方案。对列维纳斯来说，伦理义务不是产生于理性的逻辑上的和本体论的普遍性，而是产生于道德情景自身的独特性[33]。他要求人们必须放弃哲学上对"存在"的专注，不再以理性或者视觉为中心。我们可以避免复杂的争论，"超出存在"，与他者在一个道德的领域中面对面。无条件的关怀，就是进入道德自我的领域，这是为了他人的自我。爱、触摸、道德、身体和共同体是造就道德公民的主要因素，但它们在现代性中被理性化了。在当代世界，伦理的争论比以往任何时候都保持开放。

然而，对伦理学及其叙事来说，还有很多比肤浅的对时尚和外表的感受更值得研究的东西。当感受而不是表象成为当代道德行动的争论的主题时，涉身伦理的社会学的潜力就显现出来。这是对情感而不是理性，感受而不是表现的强调，为"伦理的身体"提供了一种更加充分的解释，这才是发展一种更加伦理化的涉身伦理的社会学基础。

身体在许多学科中的复归，并不只是对理论多元和跨学科研究的反映，亦是与诸多社会和文化时间相结合的必然结果。在关于身体的研究中，有许多领域是交叉的。比如身体美学可能同时是哲学、文学和艺术的研究对象；身体伦理学可能是哲学和社会学的研究对象；身体在认知学科中复归[34]，则本身就是哲学、心理学、神经科学、计算机科学等多学科交叉发展的产物。想把这些理论进行一个非常清晰的划分不但是不必要的，也是不可能的。

西方哲学排斥身体与其负面的肉身观念有关，身体与低级、欲望、死亡、贪婪、痛苦、堕落等词相关联，是修行和克制的对象，这种负面的肉身观一直可以追溯到古希腊。对于知识、智能、真理、正义和美德来说，身体是不可信赖的、是阻碍得到它们的绊脚石。身体总是因为欲望、本能、烦恼、疾病、恐惧和冲动去打扰或破坏灵魂的思考和宁静[35]。柏拉图在《理想国》中这样描述到：一个人的心灵一旦被主宰激情完全控制，他的生活就会变得铺张浪费，纵情酒色和放荡不羁[36]。充满激情和欲望的身体是心灵的牵绊，灵魂代表着理念世界，肉体代表着感性世界，理念世界是优于感性世界的。这种对身体的批判和对心灵的崇尚一直是古希腊哲学的主线，古希腊时期的犬儒主义和禁欲思想就是在这种身体观的基础上形成的。

古希腊先哲对待身体的态度是消极、蔑视的，但身体总还是苟且地存在着，而现代的哲人们对身体的曲解，造成了对身体的完全遗忘[37]。笛卡儿承袭了古希腊的身体观,提出"身心二分"的思想,"我思故我在"从怀疑一切为起点把心灵与身体彻底地对立起来,我可以怀疑包括身体在内的物理世界的存在,但是心灵的思维过程(我在思考)是毋庸置疑的,身体是不确定的,只有在心灵的思维过程中才存在着,身体在笛卡儿那里被彻底地遗忘了,身体沦为了心灵的附属品。这种身心二分造成了身体和心灵的彻底决裂。在笛卡儿之后,黑格尔对他的身体观进行了继承和发展,他把世界观念化,把一切都归结为精神的,人成为了一个超然的主体,据此提出了世界是"绝对精神"的,身体是心灵的外化[38]。黑格尔认为,身体仅是"个体借以显示其原始本性的东西"[39]。

从古希腊哲学时代到17世纪,身体一直处在这种被贬低和遗忘的状态。克制和惩罚是对待身体的基本手段,柏拉图就曾经说过:"真正的哲学家一直在练习死亡"[40],只有死亡才能最终摆脱腐朽、罪恶的身体,灵魂才能得以净化和自由。

从古希腊到17世纪,对身体的贬低和忽视一直持续近两千年,直到尼采的出现,身体开始恢复活力,身体才成为思想和感情真正主人,他充满了力量,一个不认识的智者名叫自我。他寄寓在你的身体中,他便是你的身体[41]。尼采开始批判古希腊哲学否定感性生命的歧途,用他那诗化般的语言为身体正名。

西方文化从苏格拉底开始就走上了这条立心贬身的道路,把人的心灵(理性)作为根本,否认身体(感性),把身体的需求和欲望贬抑为幻影,产生这个的根源就是身心关系的颠倒,人们把思想的、意识的设定为认识一切的标准,达到思想上的永生成为了生命的终极价值目标[42]。为了消除对身体的误解,尼采首先颠倒了身体与灵魂、精神的关系,使身体的动物性解放出来。这种颠倒从根本上打破了身体和心灵的二元对立。现实世界中只有身体唯一真实地存在着,灵魂或精神隶属于它[43]。海德格尔指出:尼采的思想方式就是颠倒。它打破了几千年哲学传统中身体卑微地位的窘境,让身体彻底从心灵的枷锁中释放了出来。尼采开辟了哲学的一个新方向,即身体本体论和身体认识论;主张身体是思想的根本,偏离肉体的冥想和沉思是不切实际的。尼采的身体已经不再是任思想和灵魂摆布的奴隶，它充满了活力和创造性，是一个有爱有恨活生生的身体，尼采吹响了身体崛起的号角。

尼采之后，现象学和存在主义成为了反对笛卡儿身心二元论的主力军，梅洛-庞蒂的知觉现象学认为身体是认识世界的中介，人是通过身体知觉形成身体图示来认识世界的，他把身体的地位提高到了认识论的高度。梅洛-庞蒂的身体思想最大的创新之处及其理论生命力就在于他颠覆了传统的身心二分的二元论思想，他把身体从精神和灵魂的枷锁中解放了出来，恢复其主动性，让一个活生生、充满活力的身体重新展现了出来[44]。意识只能是一种被体现的主体的意识，它只有与身体结合才有"出场"的机会，被感知的世界不再是由主体所构成的意义的统一，而是肉身化寓居的场所[45]。梅洛-庞蒂通过人与世界的互动关系，提出了"具身主体性"（embodied subjectivity）这个概念，梅洛-庞蒂关于身体通常的看法分为，身体图式（body schema）—运动能力—感觉中介—身体图式："参照身体所处环境的纵向、横向及其他某些重要坐标轴"而对身体位置的前自觉意识的知觉[46]。梅洛-庞蒂对心灵的至高无上和卑微的身体进行了批判，终于把意识归还给了身体，梅洛-庞蒂的整体身体成为了知觉外物、认识世界的主体。梅洛-庞蒂的身体成为了具有意识的认识世界的主体。

海德格尔对待身体的态度是谨慎却又充满力量的，在其著作中极少有对身体问题直接的探讨，涉及身体方面的描述更是少之又少，这与其同时代的梅洛-庞蒂等现象学家对身体的推崇形成了鲜明的对比。海德格尔虽没有显著地对身体问题进行论证，但他却通过"在世存在"和"上手之物"对笛卡儿式的身心二分法完成了彻底的超越，他考虑的是身体性的在世界之中存在的方式。海德格尔对手的思考不是放在一个静止的过程中去思考的，是放在一个动态的"手势"（Gebärde）的背景下去研究的，手不再是一个名词、一个器官，而是整体运动人的一部分，是属于臂膀的一部分，人与手不再是简单的整体与部分，而是不可分割的一个运动的整体，从而属于我的身体性的在世界之中存在的方式[47]。在海德格尔那里身体获得了自主性、主动性，身体通过合适的方式与世界进行互动，在互动过程中形成了对世界的认识，他的理论承认了身体与世界的认识过程是相互的、动态的。

奥林匹克运动技术化研究中缺少身体审视。在所查阅的文献及书中涉及"技术化""奥林匹克运动""身体"等关键词的还是不少的，但是关于技术化的文献大多是技术哲学研究领域在宏观上对人的技术化进行阐述抑或是对技术异化现象进行批判，把技术化具体到奥林匹克领域的研究文献也是很多的，但是这些文献主要是从技术理性与人文价值以及人的主体性缺失等方面对奥林匹克运动出现的关于技术的问题进行审视的，在这些研究中涉及身体的研究基本上没有，而身体恰恰是奥林匹克运动和技术的一个关键结合点，缺少对奥林匹克运动技术化的身体审视，对奥林匹克运动技术化这个问题来说是有缺失的。

体育是身体技能的直接张扬，从身体伦理批判奥林匹克运动技术化的工具特征，也是目前研究缺乏的视角。奥林匹克运动是体育学里的一个重要概念，也是人类重要的社会文化活动，关于奥林匹克运动的文献大多是关于奥林匹克文化、奥林匹克主义、奥林匹克概念的基础文献，对奥林匹克技术的文献也有不少，但也都是从技术的分类等层面进行分析。身体理论是现在哲学、社会学等学科研究的热点，关于身体的研究是对现代性的问题的反思，身体是不同学科中不稳定、具有争议的概念之一，有关身体的分析成了某种思想战场，从后结构主义、后现代主义、现象学、女性主义、社会生物学、社会学等文化研究，各自的主张在这个领域内各有其研究范式。但是通过身体伦理对奥林匹克运动这个社会文化活动的技术化过程进行审视，是比较新颖也是具有挑战的。

第三节　研究思路和研究方法

（一）研究思路

本书研究从身体在哲学中"缺席"到"复归"的流变过程入手，梳理出身体理论的脉络及重要节点，运用现象学家唐·伊德的三个身体理论，为本书研究提供了理论分析的工具。

首先,从身体与竞技运动的关系的论述中引申出奥林匹克运动中身体表象背后的技术,开始了对"技术的身体"的分析。通过对奥林匹克运动中的技术形态和身体属性的分析,发现身体的自然属性、竞争属性和文化属性,奠定了奥林匹克运动技术与身体的不同关系,明确了技术对于奥林匹克运动的推动作用,同时也为奥林匹克运动发展产生的身体困境作了铺垫。

其次,探讨奥林匹克运动技术化的两种演化形态——身体的技术化和技术的身体化,其表现形态和特征,技术嵌入身体已经成为趋势,问题是如何嵌入,以谁为主导,为寻找奥林匹克运动技术化的身体边界奠定了基础。

再次,分析奥林匹克运动技术化所带来的身体困境,这些困境有历史的遗留也有新技术所带来的,其根本都是身体面临技术的内化或者嵌入时,表现出一种迷茫和不知所措。通过分析以往的技术异化批判视角的可取之处,以及缺少身体视角的局限性,从而找到回归身体对于消解困境的可能性。

最后,分析了寻找奥林匹克运动技术化的身体边界,既要坚持奥林匹克运动身体本体论,并根据这一本体论来确定其技术认识论和价值论,还要平衡技术与身体这对矛盾,最后探讨回归身体的具体路径。

(二) 研究方法

1. 文献研究方法

研究国内外相关理论文献,总结和归纳关于奥林匹克运动、技术化、身体等方面的文献。为从身体理论出发科学、合理、全面地审视奥林匹克技术化研究做充分准备。

2. 历史与逻辑统一的方法

对奥林匹克运动的技术形态发展和技术化的历史进行整体研究和探索,并充分地运用哲学抽象性的方法,分析技术化发展历史背后的逻辑,包括演化动力是人之所欲与技术之予的张力;身体技术化与技术身体化这两种演化形态代表了理性与感性的不同方向。

3. 比较分析法

对比了早期从技术批判入手的奥林匹克运动技术化研究与从身

体理论入手研究奥林匹克运动技术化所具有的不同视角，从而为解决技术与身体的适宜关系提供了新的思路。

第四节 创新点

第一，从身体理论出发，归纳出身体、器物、规则、媒介四种技术形态，身体具有自然、竞争和社会三种属性，分析了技术与身体的四层关系，得出了身体属性构成了身体与技术关系的基础以及身体技术的主体作用。

第二，提出了奥林匹克运动技术化的两种演化形态：身体技术化与技术身体化，分析了各自的表现形式及其本质特征，身体技术化具有工具化、身体异质化和整合化特征，技术身体化具有涉身性、身体主导性和演化人工性特征。

第三，分析了奥林匹克运动中技术化困境的本质。为了弥补传统的技术化批判缺乏身体视角的缺陷，提出了消解困境的新思路：把握技术化的身体边界，保持身体与技术的协调张力；回归自然的、文化的和伦理的身体。

第二章

基本概念界定和基本理论

奥林匹克运动是以体育为载体、教育为核心的国际文化活动,今天的奥林匹克运动已经成为人类重要的社会文化活动和全球性的社会文化现象。要想从根本上找到奥林匹克运动的内涵,我们需要追溯奥林匹克运动发展的历史,使其他因素在奥林匹克运动中被逐渐剥离,最终探寻奥林匹克运动的本质。这一探索必然涉及体育、身体等问题。

第一节 奥林匹克运动的概念、功能与本质

关于奥林匹克运动的起源众说纷纭,有游戏、宗教、祭祀等不同说法。今天现代奥林匹克运动已然发展成为最大规模、最为规范化的体育活动,不仅满足了人类身心健康的需求,而且成为了追求卓越、积极向上的人生态度的典范。追溯奥林匹克运动的历史、概括奥林匹克运动的本质,是非常有必要的,也为进一步探讨奥林匹克运动中技术与身体的关系打下基础。

古希腊的德尔菲神庙内镌刻着希腊文的名言:"认识你自己"。这句话深深影响了古希腊的哲学家们,甚至有人把从苏格拉底以来的哲学家称为德尔菲的囚徒。现代奥林匹克运动的创始人顾拜旦说过:"请求全世界的人们相互爱戴只是一种幼稚的形式。请求他们相互尊重也多是不切实际的想法;但是为了相互尊重,首先需要相互认知。"[48]奥林匹克运动为人与人之间的交流提供了一个平台,这个平台以身体的竞技和展示为基础,让不同文化、不同国家的人在这个平台中通过体育这种形式加强认识,增进友谊。马塞尔说过:"人

与人之间的交流是社会存在的必要条件,只有与他人进行交流时,才能体验到存在,从而看到希望。"[49]奥林匹克运动以友好、友谊和公平竞争的精神寻求国家之间的合作,寻求人类身体、心理和意志的和谐发展,以此达到认识我们自身的目的。从这层意义上来讲,奥林匹克运动与古希腊哲学这两个发源于古希腊的文明产物,有着殊途同归的意境。

奥运会是奥林匹克运动的盛会,是奥林匹克运动中一项重要的活动,是运动项目、参赛人数和参赛国家最多、支持力度最大的大型体育赛事。通过体育这一媒介,奥运会把世界人民连结在一起,为人们提供一个展示人类文化相似性和差异性的最好途径,提供一个极好的跨文化与国际间理解和宽容的机会。奥运会揭示出人类可以借助体育来克服政治、经济、宗教和种族间的隔阂。通过运动员的进取、奉献和持之以恒的精神,奥运会激发人们通过努力去实现个人的梦想。从理想的角度来说,奥林匹克运动和奥运会的重要性就在于它们将竞争与合作、心理与身体、纪律与自由、民族主义和国际主义有机地结合在一起,因此奥林匹克运动是一种独特的文化现象。

(一)奥林匹克运动的概况

1. 古代奥运会的昌盛与衰败

奥林匹克运动最早起源于欧洲文明发源地的古代希腊,在希腊首都雅典西南面,湍急的阿尔菲斯河与克拉德河交接处的奥林匹亚"圣地",就是古代奥林匹克运动会的会址。古代奥运会从公元前776年起,到公元394年止,共经历了一千多年的时间,在这段时间里代表奥林匹克运动的盛会——奥林匹克运动会共举办了293届,古代奥林匹克运动会也经历了从起源到兴盛再到衰落的过程。古代奥林匹克运动会的竞赛项目和现代奥林匹克运动会有很大的区别,但是古代奥林匹克运动项目的设置还是为现代奥林匹克运动会提供了雏形,古代奥运会设有场地跑、跳远、角力、拳击、掷铁饼、五项全能运动、武装赛跑、战车比赛、马拉松赛跑等项目[50]。从古希腊时期的体育项目设置可以看出,这时的体育项目以身体的强力对抗为主,以体现身体的力量、耐力、技巧为主要目的。

希腊是位于欧洲南部巴尔干半岛顶端的一个地中海国家，其海岸线蜿蜒曲折，高山岩石陡峭。在古代，这些地形特点造就了独立的城邦小国。古希腊是欧洲文明的发源地，那里孕育出了一批大哲学家，苏格拉底、亚里士多德、柏拉图等是其中的代表人物。古希腊人非常重视教育，讲究思辨，对于古希腊人来说教育具有特殊的意义。教育一词意指"整个人的培养，不能硬性地分割为身体和心理教育，因为智力不能脱离身体而存在，没有智力，身体也就没有意义"[51]。因此，身体和智力同样重要，只有共同发展，人的潜力才能得以实现。古希腊人重视人们智力的发展，同时对美丽的身体也是非常推崇的。古希腊的一些壁画、雕像完美反映了人们理想中的身体，健康、强壮、匀称且充满活力。苏格拉底曾对身体训练做过这样的总结："从身体训练的角度来说，任何一个城邦的公民都必须是尽其所能的，一个人到老都没能见识到自己身体的力量和优美是很丢人的事情。"[52]柏拉图曾是一名优秀的摔跤运动员，他的名字"柏拉图"具有肩宽体阔的人的寓意；亚里士多德也是个极其推崇匀称身体的人，他曾经说过："一开始，立法者就得保证年轻男性的身体健康发展。"[53]由此可以看出古希腊人对于身体的态度。

古希腊人对健康身体的推崇在其艺术雕像以及绘画中也有所体现，古希腊人把希腊神话中的人物都描绘成了理想的人体，在奥林匹亚的半神大力士所展示的神和雕像、画作反映了完美男性的裸体身体形象。在古希腊的训练场上运动员是要赤身裸体进行训练的，在训练场外为纪念伟大运动员而创作的雕塑也都是赤身裸体的（如掷铁饼者、奥运冠军等雕像）。

古代的奥林匹克运动会还有一个重要的作用就是促进和平，当时的古希腊是一个城邦制的国家，由许多小的城邦组成，这些城邦被自然的屏障分割开来。但是这些城邦之间的摩擦和战争是经常性的，为了自己的利益或自由而战，每个城邦的公民都时刻准备着加入战斗来捍卫自己的城邦。这样的战争常常破坏城邦之间的运动会，使庆典和运动会终止。在公元前884年，地方君主伊利斯国王伊菲图斯，斯巴达的莱库格斯和皮萨的克莱奥斯西奈斯执政官在奥林匹亚签订了休战条约[54]。描述这一铭约的条文写在一个奥林匹亚的铜

第二章 基本概念界定和基本理论

盘上。在奥林匹克运动会期间，所有战争停止，不准携带武器，禁止司法的诉讼和死刑的执行。违反这一条约的可惩罚至死刑。

奥林匹克运动会能够在古希腊这片土地上开花结果，是由多个因素引起的，例如由于古希腊的政治制度与地理位置[2]17，古希腊的宗教习俗，古希腊对待身体训练的观念[23]等。古希腊的奥林匹克运动会的发展也大致经历了从发生、发展到消亡的三个阶段，为什么古代奥林匹克运动会没有一直延续下来？是什么原因使它消亡的呢？

古代奥林匹克运动会起源于公元前776年，从起源到公元前600年左右，奥林匹克运动会得到了长足的发展。奥林匹克运动会的起源与宗教的祭祀、人的婚礼和葬礼的仪式是相关联的，人们认为在奥林匹克竞技场上的力量是来源于神的或者是从逝去的英雄身上汲取的。他们代表神或是为了纪念这些逝去的英雄而竞技。据史料记载，在最初的奥林匹克运动会期间，为了纪念希腊众神之王宙斯，人们要烧烤100头牛来祭祀宙斯[55]。这个阶段的奥林匹克运动会由于受到交通不发达的影响，也由于当时的社会生产力低下，导致不同城邦间的交流是受限制的。因此奥运会起初只限于伯罗奔尼撒半岛的城邦参加，后来才把希腊的其他城邦也包括了进来，当时的比赛项目设置也只有场地跑、中距离跑等。

古代奥林匹克运动会的鼎盛时期大概在公元前600年到公元前400年。这个阶段也是古希腊文明大发展的阶段。政治制度、民主管理体制更加成熟，古希腊的哲学体系（苏格拉底、柏拉图等）也基本构建完成。雅典卫城的基础设施的建设以及道路交通更加便捷。在这样的大背景下，奥林匹克运动会规模不断发展壮大，参加的城邦、人数以及比赛项目的设置都比以前有了长足的进步，在这个阶段奥林匹克运动会形成了其特有的文化传统。这个阶段奥林匹克运动会的项目设置更加丰富，除了最初的场地跑等项目外，摔跤、跳远、标枪、铁饼、竞走以及拳击、战车等项目都纳入到了奥林匹克运动会中。

公元前400年以后奥林匹克运动会逐渐由兴盛走向了消亡，到公元394年最后一届古代奥林匹克运动会的结束，古代奥林匹克运动会画上了句号。这个阶段的希腊动荡不安，奴隶起义、各城邦间的战争不断升级。终于在雅典和斯巴达之间爆发了伯罗奔尼撒战争（前431—前404）。之后罗马控制了希腊，再后来罗马帝国经历了内部争斗，最终基督教统治了罗马。对于古代奥林匹克运动会消亡的原因，学者们也做了大量的研究，认为是罗马皇帝狄奥多西颁布法令禁止了奥运会，也有学者认为是宗教的原因使古代奥运会逐步走向了衰亡，宙斯庙的烧毁，标志着古代奥林匹克运动会的彻底消亡[56]。除此之外，在形态文化学的视角下，古风时期对体育竞赛的狂热经历了首次的衰退后，在古代后期又进入了新的衰退周期[57]。仅就体育而言，古代奥运会的最终消亡也与体育功能的转变有关，体育功能本从军事锻炼中发展而来，但当时这一本质业已消失，职业运动员的出现，其职业形象使古希腊的体育精神产生变异。另外，十分明显的是，运动员的比赛热情是建立在古典生活理念之上的，但这种古典生活理念却没能留存[58]。无论是何种原因最终导致古代奥林匹克运动会的消亡，但这已经是不争的事实。

　　古代奥林匹克运动会与古希腊的政治、竞技和社会环境是密不可分的。城邦之间的无休止的战争，使得作为战争培训的身体训练成了日常生活不可或缺的一部分，这些战斗需要更多强壮、充满斗志的身体参与其中来保卫自己城邦的自由和资源。体育因此而得到从上到下的重视。古代奥林匹克运动会给世界留下了一笔可贵的文化遗产，对现代世界体育产生了深远的影响。具体说来，古代奥林匹克理想强调和平、友谊、公平竞争和卓越，对现代奥林匹克运动的发展产生了至关重要的作用。

　　2. 现代奥运会的发生与发展

　　现代奥林匹克运动的发生标志是现代奥林匹克运动会的举办。到了近代，英国、法国和德国的考古学家就有探寻奥林匹亚遗址的想法，但当时的希腊是被土耳其帝国统治的，土耳其人阻止了这一想法的实施。直到1766年英国考古学家查德·钱德勒被允许进入希腊进行科学考察。他发现了古代奥林匹亚的遗址，引起了考古界的震惊。在这之后欧洲各国的考古学家都前去探测，大约100年后（1875—1881年）德国科学家库尔提乌斯等人才使得掩藏在泥土中的遗迹重见天日。到了1876年，考古学家在奥林匹亚遗址已经发现了50个建筑物、130座塑像。这些发现激起了欧洲知识界的极大兴趣。1887年，柏林展览了从奥林匹亚发掘的大量文物。这些考古发现让人们对一千多年以前的古代奥运会产生了好奇，也为现代奥林匹克运动会的开启提供了一定的支持。说到现代的奥林匹克，一个标志性的人物就是法国伯爵皮埃尔·德·顾拜旦先生。古代奥林匹亚遗址重新挖掘工作唤起了顾拜旦对古代奥运会的无限热情："在古代历史中，没有任何事物能像奥林匹亚那样给我以更多的思想养料。很久以前，我就思考着在它的废墟中找到它起死回生之术，德国已经使残存的奥林匹亚重见天日，为什么法国不能接着去重建它往日的辉煌？"[17]1892年11月25日，在索邦大学为庆祝竞技运动联盟成立五周年的演讲中，顾拜旦正式发表了奥林匹克宣言："我将在现代生活条件相适应的基础上，坚持不懈地追求并实现这项伟大和有益的事业，重建奥林匹克运动会。"[59]

《奥林匹克宪章》的发表标志着现代奥林匹克运动来到了一个崭新的时代。现代奥林匹克运动的完整思想体系是由顾拜旦倡导并提出的，奥林匹克运动的思想体系包括奥林匹克主义、奥林匹克精神、奥林匹克理想及其宗旨和格言等，它们都属于一个统一的范畴，包括在《奥林匹克宪章》中。顾拜旦把体育同奥林匹克运动很好地结合了起来，奥林匹克运动的主要宗旨是通过体育运动，增进青少年身心健康，促进相互了解和建设一个更美好和平的世界。这一宗旨具体表现为：使体育运动为人类的和谐发展服务，以提高人类尊严；以优异、团结和公平竞赛的精神，促进青年更好地互相了解，从而有助于建立一个更加美好和平的世界；使世界运动员在每四年一次的盛大节日——奥林匹克运动会中联欢聚会在一起。"和平、友谊、进步"是奥林匹克宗旨的高度概括，也是奥林匹克精神的重要内容。

"更快、更高、更强"是现代奥林匹克运动创始人顾拜旦的朋友于1895年提出的体育教育的口号。顾拜旦对此十分赞同，并经他提议，国际奥林匹克委员会于1912年将这一口号定为正式的奥林匹克格言。这个口号体现了当时人们对于超越和卓越的追求和渴望，这也为奥林匹克运动与技术的契合提供了理念上的必然。而今正是在奥林匹克这个口号的引导下，人们一次次突破自我，成为了当代社会精英精神的卓越代表。

现代奥林匹克运动的兴起在当时有两个大的社会背景：一个是欧洲进入了现代化初级阶段；另一个就是全球化进程的开始。随着技术的进步和城市化进程，人们可自由支配的时间更充裕，休闲成为越来越多的欧洲人的诉求。而欧洲便捷的交通以及信息网络的覆盖使得区域甚至全球的组织得以出现，体育的跨国交流日益频繁起来。而此时的法国正处于普法战争失败的阴影中，社会矛盾激化，腐朽的教会还在侵蚀着法兰西青年的思想与肌体。这一时期顾拜旦下定决心，一定要通过体育的变革来改变自己国家的现状，他开始思考法国社会改革的症结与体育实现改革目标的新途径[60]。

现代奥林匹克运动的产生深受英国公立学校体育影响，是法国贵族皮埃尔·德·顾拜旦伯爵智慧的产物。他力图通过引进在法国教学课程中所没有的运动训练和比赛鼓舞法国年轻人。选择古代奥运会作为现代体育的启示，顾拜旦发现了唤起希腊理想主义原则的一个方法，而希腊理想主义在欧洲一直被传承，自文艺复兴就在欧洲文化中占统治地位。奥运会要歌颂体育，但同时它又服从于这种理想主义。

现代意义上的第一届奥林匹克运动会在顾拜旦等人的努力下举办了，"在1896年举办的第一届现代奥运会，它并不想成为古代奥运会的一个历史翻版"[61]，"奥林匹克"这一名词被用来强调多项比赛的现代需要。在一个多世纪的历程中，奥运会无论从规模还是普及程度上都不断地发展以满足这一需要[62]。参赛国家由第一届的14个国家，到目前已有200多个国家和地区参与，参赛运动员人数也由最早的几百人发展到几万人。从古代奥运会到现代奥运会，很重要的一个转变就是从古代的那种宗教（古代）特点明显向着非宗教（现代）特点转变。随着现代技术的使用，从电子计时以及测量系统的使用，到电视转播技术、网络直播技术的应用，奥林匹克运动已经成为世界上最流行最具现代性的体育赛事[63]。

奥林匹克运动的全球化进程也是一个非常显著的特征，现代奥运会最早几届都是在欧洲、美国举办，后来随着奥林匹克运动的全球普及，大洋洲的澳大利亚，亚洲的日本、中国以及南美洲的墨西哥等都举办过奥运会,到目前为止只有非洲大陆还没举办过奥运会。

从技术对现代奥运会的支持上可以看出,在最初的几届奥运会上,赛场上几乎见不到什么科技的影子。比如在第一届奥运会上男子 100 米跑决赛中,绝大多数运动员所穿的服装和普通人没什么差别;再比如,游泳比赛的场地是在海水中进行的,泳道也是由水面上漂浮的南瓜组成的,游泳的距离也没有经过认真的测量,仅凭感觉来确定,对运动员的游泳姿势也没有特殊要求。再比如,第二届奥运会上,田径场地十分狭小,土质也很软,跑道也不平整,还夹杂着横生的树林,沙坑也是自己动手挖掘的,跨栏比赛的栏架也是用树枝临时凑合起来的。第三届和第四届奥运会和前两届差不多[64]。

但是随着全球性的科技繁荣,新的技术在奥运会的赛场上开始应用。在 1912 年第五届斯德哥尔摩奥运会上,运动场上安装了电动计时器和终点摄影设备,使时间计量精确到了 0.01 秒。在第七届的安特卫普奥运会上,兴建了一个可以容纳 3 万人左右的体育场,并且配备了当时比较先进的体育设施,体育场的跑道是用煤渣铺成的周长为 400 米的专业跑道,这也是奥运会历史上第一次使用标准跑道[50]58-59。1932 年的美国洛杉矶奥运会上,现代奥运会走上了规范化的道路。比赛的时间限定在两个多星期内,比赛的场地设施、设备以及器材都更加规范和标准,奥运村也第一次在这届奥运会上出现。在 1936 年德国柏林奥运会上,德国第一次通过电视播放了奥运会的比赛盛况,现代奥运会开始在世界范围内迅速地传播开来。

第十七届罗马奥运会上科学技术的"双刃剑"特征开始凸显出来。一方面大量的先进技术开始涌入到奥运会的赛场上,为奥林匹克运动的发展提供了强有力的支持。另一方面,从这届奥运会开始,人们反对科技在奥运赛场上出现的声音开始出现。本届奥运会自行车的比赛中,一名服用了兴奋剂的运动员在比赛中猝死。这一事件引起了大会的震惊和重视,奥运会全面地进行兴奋剂检查从此开始。也开始让人们意识到过度的技术应用可能会对人的身体造成伤害。随着先进技术在奥林匹克运动中的不断使用,技术开始被更广泛地应用于运动领域中,但是这些技术应用过程具有一个新的特点——这些技术的应用开始在赛场之外展开,并且越来越重视对身体的作用。这也让我们越来越思考一个问题，技术将对奥林匹克运动起到一个什么作用呢？要回答这个问题，我们还是要从奥林匹克的本质到底是什么来说。

（二）奥林匹克运动的本质

物质的"身体"、文化的"精神"、技术的"竞技"构成了奥林匹克运动的基础。"本质"是指事物本源上之所是，是事物的"种和属"，是普遍的东西（"共相"）[65]。亚里士多德所指的"本质"包含着两种不同的含义：一是指"普遍的东西（'共相'）"，一是指"个体的东西（'这个'）"[66]。奥林匹克运动是人类重要的社会文化活动，是目前世界上参与范围最广、参与人数最多的社会活动，没有任何一项社会活动像奥林匹克运动这样，在短短2～3星期内，把全世界的注意力全部集中在它身上。《奥林匹克宪章》告诉我们："奥林匹克运动是从现代奥林匹克主义中诞生的一种社会运动，其目的是通过组织没有任何歧视和符合奥林匹克精神的体育活动来教育青年，从而为建立一个更加和平和美好的世界作出贡献。"[67]有人把奥林匹克运动概括为："以教育为核心，体育为载体的国际文化现象。"从上面人们对奥林匹克运动的界定中，可以总结出几个关键词：身体参与、文化活动、竞技比拼。奥林匹克运动到底是什么？好像目前很难用几句话概括清楚。但是还是可以根据奥林匹克运动的一些特征，来看看奥林匹克运动的"共相"到底是什么？其"这个"是什么？关于奥林匹克运动的本质可以说从单一的一个维度来说清楚是不可能的，因为奥林匹克运动本身就是一个非常复杂的系统，因此本节拟从身体、文化、技术这三个层面对奥林匹克运动的本质进行一些探讨。

1. 身体——奥林匹克运动之"源"

奥林匹克运动的身体本质，是奥林匹克运动的"源"，其发展进步、变革都是在对身体作用的基础上完成的。不管奥林匹克运动怎样发展，向着什么方向发展，身体都是永恒的主体。从古代奥林匹克运动会人们赤裸身体在竞赛场上角斗、奔跑，到现在人们利用科学的手段进行训练、恢复，用高技术的器材进行比赛争夺奖项，其一成不变的是身体的主体地位。奥林匹克运动从组成上来说，是一些体育项目的总和，这是毋庸置疑的，在奥运会的历史上，共出现了35个大项（sport），53个分项（discipline）和超过400个小项（event）。而其中夏季奥运会包括28个大项和38个分项，冬季奥运会包括7个大项和15个分项。想要弄清楚奥林匹克运动的本质，首先要把这些运动项目的"共相"找到。人们可能首先会想到的是这些都是体育项目，但是体育能够成为奥林匹克运动的本质吗？体育作为一个外来词，来源于日本，其意义是身体的教育，奥林匹克运动具有教育意义是肯定的，但是除了教育意义之外还有竞争、拼搏等，因此说用体育来代表奥林匹克运动的本质，是不全面的。我们就继续顺着体育这个线路再寻找下去，我们会发现奥林匹克运动以及奥林匹克运动的这些运动项目，都属于人类的运动，无论是体育、竞争抑或是表演其主体都是人的身体。运动始终是身体的运动，身体不仅构成了人存在的根本，还构成了运动文化得以存在的根本[68]。因此"身体"是可以作为奥林匹克运动的一个本质的，也是所有这些体育运动集合的"共相"。

从现代奥林匹克运动的起源来说，身体的觉醒是一个非常重要的因素。顾拜旦在《奥林匹克宣言》中不断地提醒着人们：强健而美丽、能动而充满活力的身体既见证着人类的尊严，也是人类创造性以及先进思想产生的根本。奥林匹克运动正是在身体这个"源"的基础上，构建出了人类重要的文化活动。这从奥林匹克运动的口号中可以略见一斑，"更快、更高、更强"这是一种对身体极限的挑战，是一种对平庸身体的超越。人们通过参与奥林匹克运动获得一个同感，时间和人类身体的极限是他们共同的敌人[69]。健康、高尚的身体是奥林匹克运动的理想，奥林匹克理想使体育运动能够将人类教育成为有良知的世界公民。奥林匹克理想是榜样性的原则，它表达了体育作为一个真正教育过程这一更深层的本质问题，这种教育是通过不断奋斗的奥运冠军和运动员形象来创造高规格、健康和高尚的人来实现的[70]。

现代奥林匹克运动的发展是一部关于身体的发展史，正是人们对于身体的研究的大大进步，使奥林匹克运动得到了前所未有的发展，人们在此基础上建立了关于身体的训练学理论、运动生理生化等理论，这些为奥林匹克运动从技能走向科学奠定了基础。

2. 文化——奥林匹克运动之"魂"

奥林匹克运动文化的形成是慢慢积累、从古至今传承和发展而来的。奥林匹克运动文化是其区别于其他社会文化活动的根基，是奥林匹克运动的"魂"。现代奥林匹克运动文化的集中体现就是奥林匹克主义。奥林匹克运动不同于一般体育运动的根本之处就在于它具有强烈人文价值的指导思想——"奥林匹克主义"[71]。作为世界竞技运动盛会的奥林匹克运动会，是一场满足视听和心理刺激的盛宴，奥林匹克运动会是奥林匹克运动的标志，也是人们认识奥林匹克运动的主渠道和最有效的载体。但奥林匹克运动绝不仅仅是奥林匹克运动会，在奥林匹克运动会的盛大和辉煌的背后，是一种理念在推动其前行。奥林匹克运动蕴含着人类诸多追求美好社会理想的思想精髓，譬如"奥林匹克主义"。奥林匹克主义是奥林匹克运动的哲学基础，它是国际性和民主性、体育平等基础上的一种心理状态。奥林匹克的文化价值是其经久不衰的源泉。一方面，是丰富的人文价值，使奥林匹克运动区别于一般的体育竞赛，是人类社会为实现某种理想在一定哲学思想指导下进行的社会运动；另一方面，正是丰富的人文价值，使奥林匹克运动不仅成为迄今为止人类历史上规模最大的体育现象，成为人类文明史上一种宏大的社会文化现象[72]。奥林匹克的文化本质也就是亚里士多德关于本质讨论中的"这个"，奥林匹克运动的"共相"是"身体"，奥林匹克运动的"这个"就是奥林匹克运动的文化，正是奥林匹克文化的形成，让奥林匹克运动成为其本身之所是。奥林匹克运动的文化本质可以用几个关键词来概括：平等、公平、尊严、理性、和谐和卓越，这也是奥林匹克哲学的必要条件。

从奥林匹克运动的起源来看，最早在古希腊时期，据史料记载，奥林匹克运动的诞生是与宗教仪式密切地联系在一起的，人们通过在宗教仪式上进行身体的展示和比拼，以达到接近神灵的目的。古代奥林匹克运动的起源之初就是身体与文化的结合。奥林匹克运动到了现代也很好地继承了这种文化的本质。文化和艺术活动是现代奥林匹克①运动中不可分割的重要组成部分。体育与文化的联姻，为发展文化艺术开拓了新天地。在《奥林匹克宪章》中，奥林匹克主义被定义为一种崇尚个人精神升华的哲学。因此，奥林匹克主义除了具有体育方面的含义，也包括了文化和教育的意义。可以说，奥林匹克主义是为了创造一种生活方式，它通过个人拼搏、榜样的示范与尊重人类的普遍伦理原则给人以快乐[73]。奥林匹克运动文化的另一个集中体现，是其在道德和伦理层面上对社会的榜样作用，从古至今在奥林匹克运动中被膜拜者一定是道德高尚、受人们尊崇的。

奥林匹克运动的文化本质决定了其发展方向。从文化的分类来说分为制度、精神、物质三个层次[74]。奥林匹克的文化具体包括奥林匹克的物质文化（建筑、雕塑、画作、书籍等）、奥林匹克的制度文化（《奥林匹克宪章》、国际奥委会组织、奥林匹克运动举办程序等）、奥林匹克的精神文化（奥林匹克理想、口号和宗旨等）。正是奥林匹克运动文化的推广和延续，使得奥林匹克运动成为全球最大的社会文化活动。

3. 技术——奥林匹克运动之"道"

从技术哲学的某些视角来看，技术决定了人的本质，人一开始就是技术的人，社会一开始就是技术的社会。技术是人与客观世界实践关系的中介，在人类目的性活动过程中发挥着不可替代的作用，并因此决定人之本质[75]。人的主体性在技术工具理性的不断启蒙下被逐渐地显现出来。在技术的帮助下，人由本能的人转向自觉的人，而这一转向的完成使人自身同自然、同动物划清了界线，技术就是划界的基本标志[76]。

奥林匹克运动作为人类重要的文化活动，其基因里同样有技术维度。奥林匹克运动受到技术的影响，会不会像海德格尔所言的现代技术那样，"座架"了奥林匹克运动的发展方向呢？我们不能确定，但是将技术作为奥林匹克运动的本质或是发展之道，是不为过的。正是通过媒介技术的传播让更多的人、更多的地域可以了解和看到奥林匹克运动会；交通技术的发展，使更多人参与奥运会成为

---

① 屠铭德. 奥林匹克火炬研讨会上的致词［EB/OL］. http://www.beijing-2008.org/02/59/article211615902.shtml.

了可能；电力技术和建筑技术使得奥林匹克运动能够不受时间和自然的影响；体育科学技术和材料技术使得运动员一次又一次超越自我，契合了奥林匹克"更快、更高、更强"的口号。综上所述，我们也只是描述了一些技术外在的对奥林匹克运动的影响，忽略了身体技术，"身体构成了体育运动最为引人注目的符号和物质内核"[77]，身体技术才是奥林匹克运动区别于一般身体活动的根本。技术从身体和外部两个方面决定了奥林匹克运动的发展，使奥林匹克运动具有了技术的本质，即奥林匹克运动像技术一样追求效率、追求速度。奥林匹克运动浸入了技术，这其实就是奥林匹克运动的技术化。

（三）奥林匹克运动的功能

奥林匹克运动作为现代人类社会文化活动，它以友好、友谊和公平竞争的精神寻求国家间的合作，寻求人类身体、心理和意志的和谐发展。奥林匹克运动具有众多不同的功能：建立国家形象和声望；推进社区团结、合作和稳固；发展商业、创造就业机会和繁荣经济，包括促进城市经济增长；提高个人和社区参与体育和享受体育的程度；发展有益的技能和娱乐机会；促进不同国家、民族和种族之间的跨文化理解。上述对奥林匹克功能的总结是从比较宏观的视角从国家、商业价值、人文价值等方面对奥林匹克的功能作出了总结，从不同的视角审视奥林匹克功能能够更全面地概括其实质。但是归根结底，奥林匹克运动的功能应该体现在身体和精神两个层面。

1. 身体的竞技与展现的平台

奥林匹克运动为人类进行身体竞技和展现提供了一个平台，人们在这个平台上进行着各种不同类型的身体竞技（不同项目的体育比赛）和表演，以达到塑造人类最健美的身体和追求身体的极限的目标。奥林匹克运动使人变得卓越，倡导有道德、有尊严、完全尊重对手的比赛方式。古希腊时期，在英雄文化的形态中，奥林匹克运动成为了追求卓越，展现生命力的文化符号。奥林匹克运动是人们取悦众神的手段，人们通过竞技的方式来奖励获胜者。运动员们赤裸着身体，尽情展示着身体的力量、速度和技巧。到了现代，随着科技的发展，奥林匹克运动的发展更加理性化。各种项目的划分更加合理，组织程序更加系统，人们对身体的训练更加科学，规则制定更加公平。

2. 卓越精神的代表

《奥林匹克宪章》中对奥林匹克主义的诠释是："将身心和精神方面的各种品势均衡地结合起来，并使之得到提高的一种人生哲学。"就是向世人宣称："奥林匹克是超过竞技运动的，特别是在最广泛、最完全意义上来讲它是不能与教育分离的。它将身体活动、艺术和精神融为一体而趋向一个完善的人。"[78]追求卓越一直是奥林匹克运动的目标，奥林匹克的口号"更快、更高、更强"就很好地印证了这一点。追求卓越，人们追求的是一种卓越的精神。正是这种追求卓越的精神作为奥林匹克运动的精神支柱，一直指引着全世界参与其中的人们努力拼搏，积极进取，不断创造一个又一个的人类纪录。而追求卓越在奥林匹克运动中又表现为竞争原则，竞争原则是指参与奥林匹克运动竞赛的人们必须树立起敢于一争高下的竞争意识，不断超越自我，并勇于向世界强手和先进水平挑战，超越他人，超越世界最高纪录。公开倡导竞争、挑战和超越，是奥林匹克运动的一大特点，竞争原则是奥林匹克运动的基本原则之一。由于竞争，人类才有可能创新和发展，才会不断前进，竞争是推动人类社会进步的基本形式之一。奥林匹克运动追求卓越，竞争是人类当代精神的集中体现。

3. 身心和谐统一的教育手段

在人类的历史长河中，产生过许多人生观和人生哲学学派，而关于人的身体和精神关系的认识一直是各种人生哲学探讨的重要内容。在顾拜旦倡导奥林匹克运动前夕，正是西方神学盛行的时代，"肉体是灵魂的监狱"的人生哲学长期占据统治地位。声势浩大的三大思想文化运动，提倡人本主义，呼吁以"人道"代替"神道"；宣扬"灵肉和谐""身心并完"；批判禁欲主义，主张寻找现实的、健康的、幸福的人生。三大思想文化运动倡导者们热情地宣扬古希腊"身心和谐发展"的教育思想，赞美古代奥运会的理想和精神，引起了顾拜旦和复兴奥林匹克运动会先驱们的高度关注。顾拜旦认

奥林匹克运动中的技术与身体问题

为，奥林匹克运动应教育人们通过心理、身体及精神的锻炼达到个人的最佳境界，并期望奥林匹克主义能建立一所培养高尚情操与纯洁心灵的学校，也是发展身体和力量的学校。由此可见，奥林匹克运动的创始人顾拜旦是身、心和精神多元统一论的赞同者，并将其作为奥林匹克哲学的基点，要求参与者都应该成为体魄、心智和精神方面的，也就是德、智、体全面协调发展的人。

第二节 技术化与技术化发展趋势

我们正处于一个技术的时代，技术就像空气一样无孔不入，同样，奥林匹克运动中也处处可以看到技术的影子。"技术化"的概念重点在于后面的"化"字。这里的"化"通常描述了一个事物对另一个事物的逐渐渗入的过程。技术化是指技术对其他事物的渗入，而逐渐左右其他事物发展的过程。怎么来看待技术化，以及技术化会向何处发展，是技术哲学研究的重要问题。

（一）技术化的概念

"技术化"概念经常被人们用来描述这个以技术为基础的社会中存在的种种现象，如社会技术化、教育技术化等。如何来认识技术化，首先要明确技术的内涵。

1. 技术概念的界定

技术本身的结构是多维的、复杂的，它的各个方面也像"科学"和"政治"一样不能用短短一句话来概括。1877年卡普《技术哲学纲要》将技术发明解释为设想的物质体现，把技术活动看作"器官投影"。初看起来，"技术"一词的含义似乎十分明白，因为到处都可以看到和技术有关的东西和物品，不过要想给技术下一个明确的定义，人们马上就会陷入困境，这种情形与那些同样具有高度普遍性的概念有些类似：科学、政治、社会。承认技术的多重决定因素就无法设想人们会一致同意任何一个定义。但如果认为"定义只能造成混乱"也是错误的。

对技术的这些不同理解之间存在着某些相似性，大致可以简并、归约为狭义技术定义与广义技术定义两种基本类型，进而衍生出狭义技术与广义技术两种不同的研究范式[79]-[80]。埃吕尔认为:"技术是合理、有效活动的总和,是秩序、模式和机制的总和"。[8]卡尔·米切姆给技术下的定义是:就一般意义而言,技术就是制造和使用人造物[81]。《哲学大辞典》对技术是这样描述的:"技术一般是指人类为满足自己的物质生产、精神生产以及其他非生产活动的需要,运用自然和社会规律所创造的一切物质手段及方法的总和"。[82]在《技术的社会》一书中还把技术定义为"在一切人类活动领域中通过理性得到的(就特定发展情况来说)具有绝对有效的各种方法的整体"。从埃吕尔对技术的定义和理解来看,他所谓的技术是一种广泛意义上的技术,或者说是广义技术。广义技术大体上指人类改造自然、改造社会和改造人本身的全部活动中,所应用的一切手段和方法的总和,简言之,一切有效用的手段和方法都是技术。"[6]75-79 和广义技术相对应的是狭义技术的概念,这类观点对技术的定义为:"人类为了满足社会需要而依靠自然规律和自然界的物质、能量和信息,来创造、控制、应用和改进人工自然系统的手段和方法。"[7]这里指的手段既可以指知识手段,也可以包括物质手段。本书研究的逻辑起点是技术在广义上的界定。

2. 技术化的概念内涵

技术哲学领域最早提出并使用"技术化"的学者是拉斯韦尔(Harold Lasswell),他认为:由于"受到法令的约束",传统技法"包含在社会秩序或各种制度习俗之中",例如在传统社会中,技法已不再"需要服从法令",它充其量只是服从整体效益的算计,比如在当代的技术评价方案中。于是技术化就从"牵涉各种习俗"过渡到"纯粹的唯利是图"[83]。传统的技法要求是受到法令以及习俗等限制的,但是现代技术的出现及发展摆脱了这些束缚,而把追求效益放在了最重要的位置上,他对技术化的描述是在对现代技术的批判基础上建立起来的。埃吕尔也在他的文章中提到了关于"技术化"的描述,他认为:所有的使用,只要融入"技术现象",就会有意识地追求效益。企业管理、运筹学以及晚近的政治科学都是这种使用与实践的技术化的例子[84]。埃吕尔更多地从现代技术对事物的影响来讨论技术化,技术化成为了技术"合目的性"的一种表达方式。

在技术哲学家米切姆对技术的论述中，把技术分为了四种不同的基本类型：技术作为客体、技术作为过程、技术作为知识、技术作为意志[85]。其中技术作为过程在某种意义上来说具有"技术化"的意思。如果说技术是一种过程，它具有两种含义，一种是技术自身的演变过程，另一种是与其他事物进行结合的过程，后一种可认为是技术化。技术化是以技术成果为支撑，借用技术机制或使用"技术隐喻"去解释非技术现象而形成的[86]。从上述对技术化的认知中，我们可以总结出以下几点：① 技术化是一个过程；② 技术化是一种契合；③ 技术化形成新的事物；④ 技术化具有目的性。按照广义技术的理解，人是技术的人，从人诞生之日起，技术化的进程就开始了。

（二）技术化的类型与层面

技术化是一个发展的过程，怀特海在《过程与实在》中认为：实体是过程阶段很多可分的部分联结成一个个体。过程思想认为每一事物都是关系中的事件，环境中的事件[87]。在任何特定情况下，生成过程所适应的每一种条件都有其原因，要么存在于那种合生的现实世界的某种现实存在的本性中，要么存在于那种合生过程中的主体的本性中[88]。技术与人的本质息息相关，正是由于技术的这种属性，它与其他领域能够合生合成，与其他领域相关联。从技术化的基础层面来分，技术化分为人的技术化和社会的技术化。

1. 人的技术化

"粗制石器工具的制作与使用"是学术界公认的人猿揖别的分水岭[89]。其实，这就是人类与动物相区别的技术标志。从技术哲学视角看，人一开始就是技术的人，社会一开始就是技术的社会，人类的进化发展就是不断创造和运用技术成果的过程。技术不仅是人类文明的重要内容，而且也是建构其他文明形态的"脚手架"[9]。技术化本身是指技术的实现过程，其根本是人的技术化，技术化是技术属性逐渐添加的过程。人一开始仅发展了利用某个器官的技巧，工具的发明使无机技术逐渐与人的身体技术整合在一起，到了人借助自然力量的创造性转化而使人添加自然界其他事物属性的过程。"人类制造了能犁地的机器，岩石的坚硬属性赋予人类；人发明了飞机，鸟会飞翔的属性赋予人类；人类缝制衣服，狗熊有厚厚的皮毛防御寒冷的属性赋予人类等，这一过程也是人的技术化过程。"人的技术化或者说人类的自我进化实际上是人类自然进化的继续和发展，是真正社会学意义上的人类进化。从这种意义上说，技术时代人具有两种生产器官：有机的与无机的，人的本质力量是一种有机与无机相结合而成的综合性力量。人通过技术化来实现自我进化。技术化是人类发展进步的主要动力。

2. 社会的技术化

随着技术的发展，技术不再是单纯的、赤裸裸的工具，而是生活方式，是世界构成的主要环节。在技术的社会建构论看来，技术与社会生活是一个整体，处于人类生活世界的无缝之网中。技术的发生和发展不单纯是技术本身，一定是在生活世界某实践领域先行成功，再进行推广的，例如蒸汽机、内燃机的出现，技术化的标志就是技术大范围的使用，并且形成一种发展的趋势。每次新兴技术的出现，都带动着整个社会引发变革，每次工业革命，改变的不只是技术本身，人们的生活方式、生产方式等都随之而变化。技术化是与人类文明的其他领域协同演进的，由于技术与人类目的性活动及其所属领域的不可分离性，技术的进步总是伴随着人工自然、人类社会及人类思维的演变。

如果说技术化其根本是人的技术化，那社会的技术化就是技术化的更高级形式。陈昌曙先生认为："人们对社会制度、社会组织、社会文化的建构，可以说是最高层次的人工化。"[6]社会的技术化比人的技术化更广泛、更系统、更复杂。技术是以设计为核心的控制事物和人的方法，文化生活越来越按照技术原则与规范建构和运转，造出了工业和商业技术、保险和银行技术、组织技术、心理技术、艺术技术、科学研究技术、规划技术、生命技术、社会管理技术等社会技术形态[90]。社会的技术化是技术成果向社会生活领域的转移和渗透，以及社会生活按照技术原则进行构建、运行和改进的过程。马克斯·韦伯认为：社会的技术化进程就是以工具理性为轴心的社会合理化进程。他认为社会由世俗社会向现代社会的演进是一个合理化的过程[91]。社会的技术化过程就是一个合理化的过程，技术化是合理的。

任何技术形态都是在社会这个大背景中进行的，而社会又是按照一定的组织、规则和体制来运行的。社会技术化是以追求社会生活效果及效率为目标的，一方面技术为更理想的社会生活所服务，另一方面社会生活也受到技术的影响和改造，从而推进社会技术体系的革新和创建，这就是社会技术化的形式。

（三）技术化之趋

技术化是一个过程，其何去何从都关系着人类生活世界的走向。技术化改变了人的行为方式。技术化生存就是人的时空为超越自然状态而采取的技术方式。技术化是一个伴随着人类生存的过程，在此过程中技术化对人类的影响也越来越巨大，在工业革命出现以前，技术更多是满足人类最基本的生理和心理的需求，此时的技术化更多的是以动作技能抑或是身体的器官为工具的，更接近于人类的本能生存状态。再到后来技术开始与艺术相容，人们开始用技术手段表达自己心中对美好生活的向往，小到手工业制品大到宏伟的建筑，技术开始不只是让人类有更多的生存能量，而是让生活更加丰富多彩。到了现代，技术化的影响更加广泛，从人可见的生活世界到人的身体，从人的行为到社会的运行方式都受到技术的影响，未来的技术化会达到什么样的程度呢？

1. 技术化的身体之趋

技术发生于身体，当人运用双手开始接触世界、改造世界的时候，技术就出现了。随着人们对世界的不断认识，改造世界的能力也在不断地增强，技术在其中起到了主要的作用。随着技术化的进程，一方面人类把认知开发领域拓展到了地球以外的太空，如果没有航空航天的技术知识，只靠仰望星空的冥想和计算是不可能完成的。另一方面人们把技术化的进程向着自己的身体内部进行了深化。技术本身就具有涉身性，技术的涉身正是科学哲学和技术哲学联系的界面[92]。身体和技术之间的综合可以克服生活世界和科学世界之间的区分。对技术化的考察就是对物质的技术考察，以及人与技术的关系、人与非人的关系的考察，这种方式就是理解科学哲学和技术哲学的涉身性。伊德从后现象学的视角对技术进行了概括，认为具身性是技术的一个特点。以眼镜为例来说明，当人戴着眼镜时，如果眼镜一切正常，眼镜就像是身体的一部分，不会被觉察到，但当眼镜出现问题（破碎、脏）时，人们就会感觉到它的存在。好的技术一定是润物细无声的人与技术一体的，伊德认为这就是技术的具身性。目前随着技术的发展，技术化的进程也不仅仅满足于对身体的附着物的改造和创新，更有一种向着身体内部甚至对人的基因的改造倾向。技术化向身体的发展还体现在对人的身体的模仿上。人工智能技术现在已经能够达到量子计算的能力，这意味着人工智能向着人类的学习和思维能力更靠近了一步。未来技术化向着身体的这种趋势一定会更加明显，技术化的目标境界应该就是人化。

2. 技术化的文化之趋

技术的发展要符合文化的需求，技术化在各个领域的实质是人与技术双向互动的过程，人的本质力量与技术品性的融合。在技术化的过程中，技术与人类其他实践契合，这种契合是一种合目的性的统一。随着技术化在各个实践领域的应用，技术与文化的互动越来越频繁和深入，技术哲学也开启了从"经验转向"到"文化转向"，文化转向后的技术哲学从一个多元文化的视角开启了技术哲学的新研究范式[93]。文化是人类历史发展过程中不断积累和沉淀的产物，文化具有一定的时间性和变异性。在20世纪技术哲学掀起了一股技术批判的热潮，以法兰克福学派为首的技术哲学家们，对技术对人类社会的影响感到担忧，芒福德提出"巨机器"对人类社会的影响是一种对人类生活的控制，让世界变得单一扁平，最终目的是权利和控制[94]。海德格尔将技术的本质归纳为"座架"，人类创造了技术，但技术的发展将不受人的控制，遵循其自身发展规律，技术将为人类规划其道路[95]。马尔库塞的《单向度的人》从意识形态对技术进行了社会政治批判，他强调现代技术的社会单向度化，无所不在的技术使得社会丧失其批判性。在这些对技术的批判中，看到了人们对于技术无节制发展的担忧。现代技术的能量和力量是巨大的，以至于可以摧毁整个人类，如果对其不加以控制，后果将会很严重，因此增加技术的文化属性，用人的价值和文化对技术进行规约将变得尤为重要。

3. 技术化的社会之趋

人在不断的社会化，技术也一样。随着社会的发展，技术对社会的影响越来越深，反之，社会对技术的需求也越来越大。技术化的发展一定是迎合着社会发展的需要。工业化与现代性的迷失方向体现了具有时代感的社会关切，技术化与社会的发展由此产生更深厚的联系。从广义技术来理解，人类的历史就是技术的历史，人类的社会发展就是技术化，为了认识与应对技术系统对其他社会系统无限度的控制、削弱与淘汰，要继续解决技术化与社会发展之间的矛盾与冲突[96]。社会化与技术之间的问题是必然的，但是它们之间的融合和同进也是显而易见的，技术化正在使社会更加便捷，而且这个过程是一个渐进且不可逆的过程。社会是多维度的，而技术具有二重性，这就要求技术功能和定位必须服务于社会生活的价值旨规，人类社会对技术的关怀和眷顾也将会使技术化之路向着良性发展，社会的技术化和技术的社会化也是必须同时发生并互为必然的[97]。技术与社会互为表里而须臾不离。一切社会活动（经济活动、政治活动、文化活动等）都仅仅是实现人类美好生活的手段，终都必须服务于人类的美好生活[98]。技术化的发展之路必须是"社会"与"技术"相互和谐、相互融合的。

第三节 哲学的身体理论

20世纪80年代开始，身体成为了各个研究领域的热点。身体理论以及相关问题引起哲学、社会学等不同学科的探讨。身体问题的研究成为了后现代中最不稳定、最具争议的概念之一，有关身体的分析成了某种思想的战场。目前身体的理论研究领域非常广泛，形成了身体哲学、身体社会学、身体政治学、身体美学和身体伦理学等众多学科[4]24。身体理论的包容性和不确定性，为解决现代问题，尤其是在解决复杂问题时提供了一个全新的视角。相对传统的理论，其视野更宽阔更具有包容性，使问题的解决能够具体问题具体分析，更人性化。

身体在这许多学科领域中的复归，并不只是对理论多元化和跨学科研究的反映，也是与诸多社会和文化事件相结合的必然结果。

尤其在今天，随着技术化的发展和深入，身体的边界划分引起了巨大的争议，这种争议打破了身体和机器、人和动物、男人和女人、活着的身体和死去的身体、真的身体和假的身体，以及整体的身体和分散的碎片化的身体之间的对立[99]。无论是作为体验这个世界的敏感主体，还是作为这个世界中被感知的客体（对象），身体都表达了人类的不确定性[100]。这种不确定性和费耶阿本德的"怎么都行"相区别，是身体的不断延伸，身体既具有主体的身份，也被当作客体，而且还发挥着对象的功能。

首先，哲学中的身体观，是身体研究的风向标，其基础理论作用，使身体理论在不同的领域开花结果。其次，本书的研究是关于奥林匹克运动的身体研究，探讨更广泛意义上的体育领域的身体研究是有必要和具有指导作用的。最后，身体的伦理维度将为身体在不同领域出现的问题和问题解决提供参照。

（一）与心灵对立的身体

人类对身体的认识源于原始社会，那时的人们多关注身体的各种功能，语言中出现了对身体各部位的定义，在实践中会靠身体技巧进行分工劳作。直到人类开始出现对心灵智慧的崇拜，与心灵对立的身体观念逐渐形成。

1. 古希腊哲学中的"身心二分"

身体问题是从古希腊哲学开始就与精神、意识范畴相对立的，"身心二分""身卑心尊"等都是体现身体与精神关系的描述。不管人们在历史上如何解读身体，也不管人们试图压抑它还是解放它，它都是一个哲学问题[101]。或者说，它首先是一个哲学问题，其他各领域关于身体的研究都要追根溯源到身体哲学这里。古希腊哲学排斥身体与其负面的肉身观念有关，身体与低级、欲望、死亡、贪婪、痛苦、堕落等词相关联，是修行和克制的对象，这种负面的肉身观一直可以追溯到古希腊。对于知识、智能、真理、正义和美德来说，身体是不可信赖的并且是阻碍得到它们的绊脚石。身体总是因为欲望、本能、烦恼、疾病、恐惧和冲动在打扰或破坏灵魂的思考和宁静。柏拉图在《理想国》中这样描述到：一个人的心灵一旦被主宰激情完全控制，他的生活就会变得铺张浪费，纵情酒色和放荡不羁[36]365。充满激情和欲望的身体是心灵的牵绊，灵魂代表着理念世界，肉体代表着感性世界，理念世界是优于感性世界的。这种对身体的批判和对心灵的崇尚一直是古希腊哲学的主线，古希腊时期的犬儒主义和禁欲思想就是在这种身体观的基础上形成的。

2. 近代哲学中的"身心二分"

近代哲学"身心二分"理论的代表人物是笛卡儿，他开创了哲学的新纪元，是近代哲学之父。其名言"我思故我在"是其思想的精髓，被众人所铭记。从该名言可以看出笛卡儿被认为是一位极端的二元论者，提倡身体与心灵的对立。笛卡儿认为身体和心灵是对立的、互不相通、各自独立存在的。其对于身体的态度看似给了和心灵一样的位置，其实质是对身体有了更深的禁锢。古希腊先哲对待身体的态度是消极、蔑视的，但身体总还是存在着，而现代的哲人们对身体的曲解，造成了对身体的完全遗忘[37]。笛卡儿承袭了古希腊的身体观，提出"身心二分"的思想，"我思故我在"从怀疑一切为起点把心灵与身体彻底地对立起来，我可以怀疑包括身体在内的物理世界的存在，但是心灵的思维过程（我在思考）是毋庸置疑的，身体是不确定的只有在心灵的思维过程中才存在着，身体在笛卡儿那里被彻底地遗忘了，身体沦为了心灵的附属品。这种身心二分造成了身体和心灵的彻底决裂。

在笛卡儿之后，黑格尔对他的身体观进行了继承和发展，他把世界观念化，把一切都归结为精神的，人成为了一个超然的主体，据此提出了世界是"绝对精神"的，身体是心灵的外化。黑格尔的身体仅是"个体借以显示其原始本性的东西"[39]。

从古希腊哲学到17世纪，身体一直处在这种被贬低和遗忘的状态。克制和惩罚是对待身体的基本手段，柏拉图就说过："真正的哲学家一直在练习死亡。"[40]只有死亡才能最终摆脱腐朽、罪恶的身体，灵魂才能得以净化和自由。

（二）身心合一的身体

而真正的身体观开始扭转，并逐步受到重视，是在尼采之后，尼采打破了意识的主宰地位，解放了身体并将身体提升到了之前意识所局限的高度。尼采的后继者福柯让身体成为一个可以塑造和规训的身体，福柯将身体放到了历史中去考察，从身体出发构造了自己的社会理论和谱系学。梅洛-庞蒂让身体和意识交融成为一个不可分割的整体，这个整体是以对意识的抽象最终统一于身体，意识从身体出发又回到身体，这里的身体主体是感知的、体验的、开放的、情景化的"在世之中"的存在，是身—心—世界的统一。

1. 尼采——"强力意志"的身体

西方文化从苏格拉底开始就走上了这条立心贬身的道路，把人的心灵（理性）作为根本，否认身体（感性），把身体的需求和欲望贬抑为幻影，产生这个的根源就是身心关系的颠倒，人们把思想、意识设定为认识一切的标准，达到思想上的永生成为了生命的终极价值目标[42]。为了消除对身体的误解，尼采首先颠倒了身体与灵魂、精神的关系，使身体的动物性解放出来。这种颠倒从根本上打破了身体和心灵的二元对立。现实世界中只有身体唯一真实地存在着，灵魂或精神隶属于它[43]。海德格尔指出：尼采的思想方式就是颠倒。它打破了几千年哲学传统中身体卑微地位的窘境，让身体彻底从心灵的枷锁中释放了出来。尼采开辟了哲学的一个新方向，即身体本体论和身体认识论；主张身体是思想的根本，偏离肉体的冥想和沉思是不切实际的。尼采的身体已经不再是任思想和灵魂摆布的奴隶，它充满了活力和创造性，是一个有爱有恨活生生的身体，尼采吹响了身体崛起的号角。

哲学不谈身体，这就扭曲了感觉的概念，沾染了现存逻辑学的所有毛病[102]。尼采对身体概念的重构具有历史转折点的意味。笛卡儿的"我思故我在"没有给身体留下任何的位置，其身心二元论也让身体被悬置和压抑太长时间。尼采作为强力意志的形而上学就是从具有本能和情绪意义上的"身体主体"出发而被奠定的。在尼采那里，理性也同样被置入了动物性之中，动物性就是肉身存在的身体，是充满欲望和本能的躯体，身体受激情的强力支配而肉身性的存在。此时，"身体主体"也就处于对世界解释的命令地位，成了世界的尺度和指导线索[103]。如果对尼采来说意志规定着任何一个存在者的存在，那么，意志就不是某种心灵的东西了，相反的，心灵倒是某种从属于意志的东西了[104]。尼采终结了笛卡儿的身心二元论，他的主要观点是一切从身体出发。他想要将身体放在一个合适的位置上，认为一切都要以身体为基础，他开始为身体作为个人的决定基础，这时的身体才获得了解放。尼采开辟了哲学的新方向，身体成为了哲学的研究中心，身体既是哲学领域中的研究中心，也是真理领域中对世界作出估价的解释学中心[105]。尼采的身体充满着反抗的力量，无拘无束地奔突、倾斜，改变着基督道德，用"超人"对抗上帝，宣布上帝之死，可以说尼采对身体的言说蕴含着深刻的酒神精神，充满着奔向自由的力量。当然，尼采对"身体主体"（强力意志）形而上学的阐释更多地具有诗意和箴言般的意味，而缺少哲学论证意义上的精确性和严格性。如海德格尔所说："尼采用身体取代灵魂和意识，这丝毫没有改变由笛卡儿确立下来的形而上学基本立场，尼采只是把这种立场粗糙化了，把它带向了边界，或者甚至是把它带入了无条件的无意义状态领域里了。"但毫无疑问的是，尼采对主体的身体向度的揭示和探寻是意义重大的，他使我们开始注意把握"身体主体"的延展向度，从而开启了一个新的哲学视域。

2. 福柯——社会中的身体

福柯让身体这个概念在社会中有了自己的地位，虽然福柯不是纯粹彻底地反对笛卡儿"身心二分"，但他认为身体铭刻着历史的痕迹，社会的进步也在不断改造和规训着身体，是身体而不是心灵作为社会组织的中心。福柯赞同尼采身体多义性的一元论，但是在身体的主动性与被动性上具有不同见解。与尼采的"强力意志"的主动性不同，福柯认为要想超越身心二元论，就要从身体出发，将身体放到历史进程中去考察，在这里身体承载了历史的记忆，成为社会权利的载体。福柯对现代身体的讨论主要是围绕身体与权利—知识的关系进行的。福柯对身体的态度从其对人"性"的研究开始，他认为："权利不是一种制度，不是一个结构，也不是某些人天生就有的某种力量，它是人们在既定社会中给予一个复杂的策略性处境的名称。"[106]这种被给予的权利是一种生产性的关系权利，无处不在，浸透了整个社会肌体的生产性网络。"权利之所以有效，之所以被人们所接受，仅仅在于这样的事实，它引发乐趣、建构知识、生产话语。"[107]由此，这种关系性的现代权利以其对人的不可逆的征服和支配，以其先验的生产性，显示出自身先验的一面。他通过谱系学的方法，解释了身体是如何被各种权利斗争所转化的："第一，有关真理的自身历史本体论，通过它，我们自命为知识主体。第二，有关权利领域的我们自身历史本体论，通过它，我们自命为作用于他人的主体。第三，有关伦理学的历史本体论，通过它，我们自命为道德代理人。"[108]福柯将身体作为一个焦点，权利技术、历史悲喜剧、真理都围绕这身体展开，在福柯的理论核心中承载着身体和权利的纷争关系，权利和身体又主导着历史的内容。

福柯将身体放到社会历史这个大背景下去考察，无疑更深刻更细致。在社会历史中，身体被知识所产生，被权利所规训，被话语所煽动，被真理所蒙蔽，被理性所边缘化。就像福柯说的那样："身体是事件被铭写的表面（语言对事件进行追忆，思想对事件进行消解），是永远在风化瓦解的书卷。"[109]在福柯这里，身体仍然没有摆脱被规训被踩躏的地位，虽然福柯通过自身的极限体验对传统、理性、制度、道德以及所谓的真理的合法性作出了反抗，但是这种边缘化的探索并不能改变身体的弱势地位，福柯也曾给予身体一条隐秘的自我美学改造之路，但是身体仍然不是根据它自身的主动力量展开，而是根据美学目标来自我发明，身体和意识仍然是矛盾、对立的。

应该说，福柯的身体属于社会建构主义思路，身体是在社会的建构中被赋予权利，身体不单单是由话语赋予意义，而是完完全全由话语建构的。福柯式研究思路的特点，首先是非常偏重于研究身体和支配身体的那些制度、机构，其次是在认识论上把身体看成由话语所产生，并存在于话语之中[24]。因此，身体作为一种生物学实体已经消散了，我们永远无法把握生物性、生理性或物质性的身体。与之相反，身体是一种具有高度可塑性和不稳定性的社会建构的产物，受到话语的影响。福柯虽然给了身体在社会中的位置，但是这个身体还是被动且无抵抗的。并且，福柯对资本主义的批判逻辑建立在以牺牲人的主体价值为代价的基础上，其中，肉体变得消极脆弱，这一定程度上重演了二元分化的逻辑。

3. 梅洛-庞蒂——自然的身体

梅洛-庞蒂一向被认为是身体理论从二元论到非二元论的转化中

所绕不开的代表人物。他力图超越二元对立，将身体引入知识的起源中，从而取消了意识在这个领域中的独有地位，身体和意识水乳交融。在梅洛-庞蒂这里，人是一种被抛在世界上并与世界息息相关的存在，类似于海德格尔说的："此在理解自身，就是把自己理解为世界之中的存在。"[110]

梅洛-庞蒂的知觉现象学认为身体是认识世界的中介，人是通过身体知觉形成身体图示来认识世界的，他把身体的地位提高到了认识论的高度。梅洛-庞蒂的身体思想最大的创新之处及其理论生命力就在于他颠覆了传统的身心二分的二元论思想，他把身体从精神和灵魂的枷锁中解放了出来，恢复其主动性，让一个活生生、充满活力的身体重新展现了出来[44]24-34。意识只能是一种被体现的主体的意识，它只有与身体结合才有"出场"的机会，被感知的世界不再是由主体所构成的意义的统一，而是肉身化寓居的场所[45]。梅洛-庞蒂通过人与世界的互动关系，提出了"具身主体性"（embodied subjectivity）这个概念，梅洛-庞蒂关于身体通常的看法分为：身体图式（body schema）—运动能力—感觉中介—身体图式："参照身体所处环境的纵向、横向及其他某些重要坐标轴"而对我们身体位置的前自觉意识的知觉[46]。梅洛-庞蒂对心灵的至高无上和卑微的身体进行了批判，终于把意识归还给了身体，梅洛-庞蒂的整体身体成为了知觉外物、认识世界的主体。梅洛-庞蒂的身体成为了具有意识的认识世界的主体。在梅洛-庞蒂这里，心灵与身体、主体与世界都不是分离的，它们在每一个存在的瞬间都相互作用。他用肉身化主体或者说是身体主体代替了意识主体，也取代了笛卡儿的我思故我在。梅洛-庞蒂试图通过其身体现象学修正和超越胡塞尔的现象学思想，他以身体的知觉意向性取代了胡塞尔的纯粹意识的意向性，用知觉的呈现取代了意识的构造，用社会性的主体取代了绝对主体，进而以肉身的本体论奠基表明身体与世界是由同样的材料所构成的[111]。

知觉是梅洛-庞蒂身体现象学的核心概念之一。在《知觉现象学》中，梅洛-庞蒂对于知觉的描述是通过对经验主义和理智主义两种传统偏见的批判展开的。经验主义通常用"感觉"来说明知觉，认为知觉就是感觉的总和。理智主义关注的是感觉材料的结构,而经验主义关注的是知觉。梅洛-庞蒂认为,两者看似对立,但其都有一个共同的错误前提,就是两者都预设了一个可观自在的世界,遗忘了我们的知觉主体,从而"两者都不能表达出知觉意识构成对象的特殊方式,两者都与知觉保持距离而不是参与知觉"。因此必须回到现象世界中,回到我们实际的知觉经验中。在梅洛-庞蒂看来,自我的独特性体验依赖于知觉场的作用,而个体与另外个体的交流依赖于身体间性,并用"身体图式"这个概念来验证自我的物质性以及身体间性的形成。梅洛-庞蒂的"身体图式"是一种表示我的身体在世界上存在的方式[112]。身体图式具有空间性,这种身体的空间性是指一种处境的空间性,而不是通常意义上的空间性,比如外部物体的空间性或者空间感觉的空间性。这种特性就是身体的意向性。身体图式代表的是身体的整体结构,意味着身体器官之间的协调性和相互性[113]。身体图式让人们通过身体认识理解别人的行为成为可能,让别人的行为和自己的行为直接对接。身体成为了开放的、可接纳的,身体主体对另一个身体主体、另一个知觉的存在向度的体验。梅洛-庞蒂指出:"我的世界是一个他者所使用的工具,是被引入到我的生活中的一般生活的一个维度。"[114]

梅洛-庞蒂强调身体,更突出主体概念的情境或处境意义。主体和客体之间的关系不再是认识关系,而是一种存在关系[115]。通过身体与环境、身体与世界之间的相互蕴含,身体已经把某种行为模式作为身体图式烙在其中。梅洛-庞蒂的身体是知觉的主体,并非笛卡儿意义上的物,它是不同于客观身体的现象身体,其实质是物性的客观身体与心灵的统一体[116]。梅洛-庞蒂的身体思想为当代的社会理论研究提供了一种富有启发性的视角。他对前反思、前对象、前概念的身体领域的研究无疑有助于摆脱传统的意识哲学对反思意识的依赖(尽管这一摆脱就意识哲学所基于的主体主义的生活世界所言是不彻底的,在这一点上与海德格尔犯有同样的错误),有助于在更深刻的前意识的层次思考人类的社会实践和社会存在。

(三) 伦理的身体

随着现代科学技术的迅猛发展,技术和知识逐步内化到身体之中，使得身体成为理解科学、技术与社会问题的新视角。身体社会学、身体政治学、身体伦理学等理论的产生，使得身体的自然和文化意义得以凸显。在过去几十年里，身体成为了各个研究领域的焦点和主题。然而，身体的伦理维度却很少有人关注，一方面身体和伦理研究在各个领域中引起了强烈的反响；另一方面身体的伦理却被忽视了。随着后笛卡儿哲学——尤其是现象学和后结构主义的影响，身体在社会生活中的地位也越来越受到关注[4]。同时身体也在社会生活中以及政治生活中出现了很多现实的问题，例如：战争的受害者、被移植的器官、围棋高手阿尔法狗（人工智能）、手术刀改变的身体、服用兴奋剂的运动员等。所有这些来源于身体的问题都需要以伦理和身体的会合为出发点，来分析伦理和身体之间的互动如何反映了当代广泛的文化进步，在这种进步中，又是什么构成了价值的重要来源。

1. 何为身体的伦理

通过诸如此类问题的分析衍生出身体社会学、身体伦理学和身体政治学等学科的研究主题。曾有两位著名的学者对身体类型进行了分析，体现在特纳的著作《身体和社会》和弗兰克的文章《身体社会学：一种分析性的评论》中。特纳关注到身体管理的方式是根据社会的组织形式变化的，禁欲主义、父权制和商品化等构成了可能的方式[117]。弗兰克的身体类型学则部分地来源于对特纳的著作的批判性反思。他用"符号互动论"代替了特纳类型学中的功能主义，更加强调积极的身体，而不是受机制和结构束缚的身体[118]。这两种分析方法产生了有理论根基的身体类型。为了研究身体的转向，学者克里斯·希林将身体分为古典身体、当代身体、工作态身体、运动态身体、音乐态身体、社交态身体、技术态身体。

身体之所以重要，其根本缘由乃是基于如下假设，即身体的各种能力、感觉、体验和管理，不仅是实施人的行动与约束时的核心要素，而且对社会系统的形成和维护来说也是至关重要的[24]。由于现代的发展，渊源于人类境遇的传统关怀大都被征服、控制和取代了：现代生活允诺人们可以脱离变幻莫测的身体、脱离自然限制以及脱离对地方的乡土联系[25]。理性、真理和进步的启蒙价值受到来自愉悦、欲望、感觉和情感的严重挑战。身体出现在价值的重估中，很大程度上是因为现代性和理性权威的消解，以及人们独特的道德困境的增加。戴维·拉斯姆森（David Rasmussen）认为，伦理已经成为一个时代基本的特征，以至于"时代精神具有伦理标志"[26]。这种新的时代精神通过谈论道德危机的媒体话语得以加强。人们需要一种秩序感，需要一个与新的伦理困境进行斗争的社会。这种情景激励着具有新的伦理主张的多元声音的出现。在过去的几十年之间，这种道德议程得到了迅速发展，以至于我们现在生活在一个充满道德话语的世界中。

伦理既是对内在生命的看护与整饬，也是对外在秩序的诉求和表达，是对生命感觉的梳理和现实生存的规范，而这种梳理和规范又是以身体的在世生存为起点的[27]。身体的伦理旨在强调情感的身体，而不是理性的身体。在关于涉身体验的伦理学中，有两种不同的关注倾向。一种是以福柯为代表，强调"批判的自我反思"在审美生活中的重要性，这就导致了个体对基数和外表的关注。另一种是以米歇尔·马非索里为代表，他指出审美伦理是以感受和关系为特征的，是移情而不是理性维系着"情感共同体"的联系[28]。现代性中的伦理学不仅是在理性主义的框架中建立起来的，而且还建立在"所见即所知"这一假设的基础上。现代性是源于笛卡儿的视觉中心主义的视觉文化，"视觉对身体的塑造是关于身体审美化眼光的改造，也是视觉话语权利的行使"[29]。伦理义务不是产生于理性的逻辑上的和本体论上的普遍性，而是产生于道德情境自身的独特性[119]。它要求人们必须放弃哲学上的对存在的专注，不再以理性或者视觉为中心。我们可以避免复杂的争论，超出存在，与他者在一个道德的领域中面对面。无条件的关怀，就是进入道德自我的领域，这是为了他人的自我。在当代世界，伦理的争论比以往任何时候都保持开放。

身体是开放的、包容的，其自身就具有伦理的维度，身体的伦理是对自身界限的划分，对其可为不可为的限定。对于身体的伦理来说，还有很多比肤浅的对时尚和外表的感受更值得研究的东西。当感受而不是表象成为当代道德行动的争论的主题时，涉身伦理的社会学的潜力就显现出来了。正是对情感而不是理性、感受而不是表象的强调，为身体的伦理提供了一个更加充分的解释，这才是发展一种更加伦理化的身体的基础。

2. 身体伦理的维度

身体伦理的出现是时代的产物，也是身体与道德、美学在社会科学中汇合的结果。因此，身体与道德的关系、身体与美学的关系是一定要梳理清晰的。特纳用"身体社会"表达对身体的重视，其意义在于这样一个事实，就是道德问题要通过身体渠道来表达。从这个视角来看，在当代社会中，由于身体的差异，个人需要对不断增长的复杂的伦理作决定。科学、技术和当代媒介为这些决定的判据提供了很多信息，但同时也产生了新的伦理困境。似乎伦理学永远在追赶科学的发展。这种信息超载的局面和伦理问题的增加，使得作伦理的决定更加复杂化，以至于人们认为，道德一直是个人化的、私人化的和成问题的。随着技术的发展，人类社会也面临了很多的道德困境。人们只需要了解技术变化带来的解决办法，而不必了解技术变化带来的问题[120]。但技术确实给人们带来了许多的关乎人们身体的道德问题，身体的伦理作为一种道德考量方式已经无所不在，道德领域也成为一个充满竞争的场域。在道德的考量中，身体既被看成伦理问题的来源，也是身体伦理的场域。在社会学家安东尼·吉登斯看来，身份认同的构建是积极的、流动的和多元的过程。身体的可变性是与不断变化的文化规则和价值相关联的。这些规则和价值提供了身份认同得以建立的资源和选择，从而将自我的构建与消费商品和生活方式选择的多元性联系起来。道德已经通过工具理性的控制，使体制化和规范化从日常生活体验的世界中隐退。因此，"自我的任何反身性方案都承载着很多自主和幸福的可能性，却不得不在严重缺乏内容的常规语境中被承诺"[121]。

对身体的伦理来说，美学是一个绕不过的问题，身体是美学的基础，在美学的概念中关于身体的话语产生于18世纪，希腊哲学家、笛卡儿哲学以及康德哲学对此都有过追踪。而伦理学与美学也有着千丝万缕的联系。身体伦理在当代消费文化和大众文化中再次活跃，被称为日常生活的美学化。伊格尔顿的《美学意识形态》将美学与伦理学之间的联系追溯到当代消费文化,他将日常生活的美学化看作战后社会的主要特征。在真实的有效性逐渐衰退的过程中,当代社会的审美要素成为了关键的统一力量。他认为,价值已经被审美化到这样的程度,以助于"道德被转化成一种风格"[102]。理查德·舒特曼将充满灵性的身体看作自我提升的场所,认为"身体美学中的'审美'具有双重功能:一是强调身体的知觉功能(其具体化的意向性不同于身体/心灵二元论),二是强调其审美的各种运用,既用来使个体自我风格化,又用来欣赏其他自我和事物的审美特性"[100]。身体伦理与美、道德之间的辩证关系并非只局限于当代的消费文化之中。在欧洲文化中,美与道德之间的渊源也是很深的。身体的伦理更加注重身体的情感和感性,这样一种美学研究形式可以追溯到古希腊时期。到了当代社会,美和丑已经不只是象征着肉体的对立,还象征着道德的树立[31]。

福柯对伦理和美进行了深入的探讨,他强调必须将个体自身建构成伦理的主体,也就是个人有义务使他的生活方式成为美的东西。福柯通过美学伦理表达出了一种对待生活的态度——一种超然的、公正的审美态度。在回答"哪种伦理学是可能的?"时,福柯回答:"在社会中,艺术已经成为某种只与客体有关,而不是与个人或者生活有关的东西。艺术是专业化的,或者是被那些艺术家们完成的东西。但是,为什么每个人的生活不能成为艺术品呢?从自我并非给定的这一观念来看,我认为只要一个实践的结果,即我们不得不将自己创造为艺术品。"[123]

当代的伦理争论是在感知的领域中建构它的话语的。如果模糊性和不确定性必将伴随伦理选择,那么伦理学就无法建立在理性和权威的基础上。伦理的自我很可能生活在亲密的共同体中。它需要开放、宽容、尊重身份认同,保持差异并且超越差异。尽管当代社会语境有模棱两可的本质,身体也是在表象的或者符号的层面上被概念化的,但是伦理学依然是一个有必要关注的领域,而身体依然表现为伦理的身份认同的主要场域。近年来身体的伦理已经成为社会和文化理论研究的热点,伦理学和身体之间的联姻也理应得到应有的重视。身体伦理在道德和美学维度之外,在具体领域中应用的必要性也得到了凸显。

第四节 唐·伊德的三维身体理论与奥林匹克运动中"技术的身体"表象

奥林匹克运动作为人类重要的文化活动,其技术与身体的关系中,表现出两个维度:一是身体之于技术,即身体对技术的作用;二是技术之于身体,即技术对身体的作用。身体与技术的相互建构实际所导致的技术身体或身体技术所指称的是同一对象或过程,那就是身体成为技术的一部分与技术成为身体的一部分的双向交融,是身体与技术的合一:此处的身体是集合了技术的身体,技术是承载于身体上的技术[124]。这里说明身体技术是指以身体为手段的技术而不是以身体为对象的技术,技术与身体的双向构建成了当今时代发展一大趋势[4]。

要想详尽地讨论身体与技术在奥林匹克运动这个情景中的关系,首先要界定奥林匹克运动中技术的身体到底是个什么样的身体、其身体边界在哪里等问题,只有明确了奥林匹克运动中的身体是什么,才能更好地明晰技术与身体在其中的关系。当明晰了奥林匹克运动中的身体边界,就能够探讨在这个运动中身体与技术发生了怎样的反应?身体是如何被技术构建的?技术又如何影响着奥林匹克发展方向,如何改变着奥林匹克运动的初心?本书认为唐·伊德的三维身体理论提供了具有哲学睿智的观点,有助于深刻理解上述这些问题。

(一)唐·伊德的三维身体理论

人们对于身体的界定可以说在不同的学科领域、不同的视角会得到不一样的概念。在体育领域,身体构成了体育运动最为引人注目的符号和物质内核。[77]

身体技能是体育所必需的[125]。当谈论或说起身体这个概念的时候,感觉它就在那里就是那样,可想更加详细地描述出身体这个概念,我们发现这是很难的。克里斯·希林在其著作中按照不同社会领域,把身体具体划分为:"古典的身体、当代的身体、工作态身体、运动态的身体、音乐态的身体、社交态身体、技术态身体"[126]。他运用社会学的理论,把身体看作会思考、有情感的身体,把身体作为社会构成过程中的多维中介。按照希林对身体的划分,社会有多少个领域就有多少种样态的身体,这样的划分是不能够给身体一个具体的界定的。除此之外,在社会学领域,福柯的权利的身体,也把身体作为权利构建的对象,但没有进行详细的阐述。在现象学领域,梅洛-庞蒂从人的知觉入手,脱离了社会对身体的影响,把身体作为一个实实在在的肉身,认为身体是自然的身体,人的一切尺度都是以身体为基础的。在对身体的划分中,本书研究认为:现象学家伊德对身体的划分对奥林匹克运动中的身体是具有指导和借鉴意义的。下面我们通过对伊德身体的三个维度的分析,引入到具体的实践领域——奥林匹克运动中,分析其身体的边界。

1. 追寻流变"身体"的确定性

唐·伊德是以研究技术现象学而闻名的,但从另一种角度看,也可以将此现象学称为后现象学。他的后现象学是一种混合物,是在对古典现象学加以修正的基础上,将其与实用主义相结合的产物。它主要关注日常生活中的一些具体技术和案例研究,体现了技术哲学的经验转向[127]。用伊德自己的话说,后现象学是"现象学+实用主义+经验转向"[128]。其对科学技术哲学领域中涉身存在与周遭世界的关系进行演绎,他认为:"工具的涉身是科学哲学与技术哲学联系的界面"[92]。伊德的身体理论是理解其科学哲学和技术哲学思想的重要视角。

科学技术的不断发展,使社会发生了巨大的变化,人们曾经认为思维是最快的,但是这个世界的发展已经超出了思维的反思范围,使人们的思想、观念变得滞后,跟不上时代的变化,使思维被抛离了本位。但是唐·伊德没有接受这种观点,他一直追随着这种变化,试图给变化的东西一个准确的把握。它从虚拟技术、录像、赛博空间、网络交流等入手,试图找寻一个大家都在迷惑的问题,我们的"自身"到底是什么?

现象学的核心问题在于"回到事物本身"。伊德从"体验"入手来让事物和事实显现出来,但是伊德对于"体验"的理解是区别于海德格尔的"原初体验"和胡塞尔的"意向性"的,可以说伊德延续了部分现象学的传统,但是其现象学又加入了很多个人的因素,这也是伊德称自己的现象学为"后现象学"的一个主要原因。伊德对于"体验"的核心理解集中体现在其对于"身体"的理解和分析上。伊德根据技术哲学的思路,把技术构建起来的身体体验从幕后拿到了人们的眼前,让人们对于身体的理解又多了一个深入的层次,也让人们终于理解了伊德的"体验"和"身体"的真正意义之所在。至此,伊德的身体理论豁然开朗了起来。

伊德的现象学更加注重实用和个人的体验,在身体的理解方面,伊德从历史和时间的路径来进行反思,对具体的事物的思考成为其研究的重点。伊德对于流变"身体"的把握也从他人的身体理论入手,胡塞尔的"世界理论"给了伊德很大的启发,它从"身体——世界"这一思路入手,为身体的确定性从"世界"的意境中找到三个出路,即物质、文化、技术。

2. 三维的身体理论

伊德从世界的形式对身体的呈现归纳出身体的三个维度,即物质的身体、文化的身体和技术的身体。他在"身体一"(感知的身体,体验的身体)和"身体二"(文化建构的身体)的基础上,提出了身体的第三个维度,即"技术的身体"[129]。伊德认为身体和工具之间的部分综合可以克服生活世界和科学世界之间的强区分。

伊德对身体一的解读是"物质身体"[130],身体虽然具有物质的属性但是却具有体验感,和笛卡儿意义上的身体,与意识相对立的身体是相区别的,这个身体具有一定的梅洛-庞蒂意义上"活生生的身体",是对外部世界有感知能力的、体验的、有情感的身体。正是物质的身体具有了体验感,身体在与外在世界的交互过程中,会产生情感。在产生情感的基础上,身体二即文化的身体也就出现了,文化的身体与布迪厄"惯习理论"相似,当人们的物质身体适应某种外在世界的时候,"惯习"也就是文化对身体的建构也就开始了。在伊德看来,技术是人们认识世界的工具,"技术的身体"是穿越身体一和身体二而形成的第三个维度,在过去的技术中,通过身体体验到的最熟悉的作用就是"涉身关系",也就是人通过技术和人工物在世界中有所体验。现在技术不仅仅改变了肌肉和身体力量，还带来了更广泛深刻的观念，包括渴望和想象的范围。伊德还有一个很重要的观点就是，他认为技术的本质是"放大"和"缩小"，是对事物与身体的居间调解，他利用望远镜和近视镜等例子对其进行了说明。

（二）奥林匹克运动中"技术的身体"表象

依据唐·伊德的"身体三"理论，聚焦分析奥林匹克运动中"技术的身体"具有什么样的表现和特征，对于探讨技术与身体的关系非常有意义。奥林匹克运动是具有竞技性、娱乐性和观赏性的身体活动，当人们直观奥林匹克运动时，映入眼帘的是人们在竞技场上的身体的对抗、身体的展示、身体的极限，"超越"是奥林匹克运动的一个代表性符号[131]，超越自己、超越时空、超越纪录，正如奥林匹克口号喊出那样"更快、更高、更强"。奥林匹克的口号一方面反映了人们追求极限的目标，同时体现了人们对自己身体的不满和要求，人类的基本运动素质在自然界来说是最普通的，跑得没马快，力大不如牛，灵巧不及一般灵长类动物。是技术成就了人在奥林匹克运动中对于自己身体的超越，这与贝尔纳·斯蒂格勒所论证的一个观点相吻合，即"技术的进化推动着人类的进化，人类的进化同时也就是技术的进化"[132]，至少是有其理由的。技术被认知和理解的不断深刻、技术-工具演进速度的不断加快所带来的直接结果是，伴随着每一次技术飞跃，人类的发展都会呈现出同步飞跃的状态。而人类主体身份意识从朦胧到渐醒，也正是在这样的历史进程中向前发展着。这个过程使原本与人类自身一体的自然物化为人类自身的对象，人类则逐渐地成为认知和反映对象的理智中心。那么技术是如何影响着奥林匹克运动中的身体的，奥林匹克运动中身体表象背后的技术是怎样的？

1. 奥林匹克运动中的身体表象

奥林匹克运动中的身体表象是身体表现形式的展示。奥林匹克运动为身体的展示提供了一个平台，人们在此通过身体的对抗、竞技以展现自己身体的强壮、健美。奥林匹克运动中身体的表象是多种多样的，不同的竞技项目所体现出的身体表象也不完全相同。

展示身体自然力的表象。这些项目的共同特点是对人的极限速度和力量的追求,其动作简单,但是对于单位时间内肌肉所爆发出来的功率却要求非常高。例如追求最大速度的短跑运动,它的身体表象就是,通过摆臂、双腿的快速交替完成身体的快速移动。

展示身体技巧和美的表象。这种项目具有一定的艺术成分,要求人们在高难度的动作基础上,展示出自己美的一面,对于身体动作的细节要求极高。体操、跳水等以难度和美观来评定分数的项目,通过展现身体的柔韧、协调和在短时间内完成动作的难度能力来体现。

展示身体对抗和协作技能的表象。足球、篮球等项目更多的是体现运动员在球场上、在不同程度的对抗过程中身体对于不同技术战术动作的运用和执行。

展示大脑智慧的表象。大脑也是身体的组成部分。棋类竞技则是这类表象的代表。

从表面上看,这些身体的动作不是非常复杂,但是在具体的操作过程中,要达到一定的展示水平是非常之难的。运动生理学领域把运动技能的习得过程分为:泛化、分化和自动化三个阶段,每个阶段的提升都是需要付出大量的时间和精力去完成的,这也是由人身体的自然属性所决定的。同时科学技术手段的应用有助于运动技能水平的提升。总而言之,奥林匹克运动中身体的表象体现在身体技能的不断提高,但是在提高的背后,是与科学的训练、技术的支持分不开的。

2. 从技能的身体到技术的身体

技能和技术是两个近义词,在前面对技术作了概念的界定,认为技术是人类为了满足社会需要而依靠自然规律和自然界的物质、能量和信息,来创造、控制、应用和改进人工自然系统的手段和方法。技能是活动方式或动作方式。《辞海》将技能定义为:运用知识和经验执行一定活动的能力叫技能。通过反复练习达到迅速、精确、运用自如的技能叫熟练,也叫技巧。科学出版社出版的《教育词典》把技能定义为:通过学习重复和反省而习得的体能、心能和社会能力,个体对这种能力的提高也许是无止境的。上海教育出版社出版的《教育大辞典》的定义：主体在已有的知识经验基础上，经过练习形成的对待某种任务的活动方式。其表达的意思相接近，技能表达的是一种具有本能的意味，体现着身体自身能力，而技术具有方向、弥补、理性的意味，代表着本质。

奥林匹克运动的起源与发展是围绕人的几个基本能力——跑、跳、投等构建出来的，这几种能力也被认为是体育起源的始基。在古代奥林匹克运动中人们的竞争更多的是具一种表演的成分，人们凭借着自己的身体能力在竞技场上进行比拼，技能是决定胜负的主要因素。但是到了近代现代奥林匹克运动的出现和发展，奥林匹克运动的技术层面更加体现出来，在奥林匹克运动中身体受到训练的方式也融入了更多的技术要素。从古代奥林匹克运动到现代奥林匹克运动的演进，就是从技能到技术的转化。现代奥林匹克运动具有了技术的本质，也体现在身体在其中的变化，从身体视角来看，技能是更身体或者就是代表身体，是一种身体活动的能力，而技术和身体的关系是技术外在于身体，这说明奥林匹克运动这个以身体活动为内核的社会文化活动，其外延也是不断扩大的，从单纯的身体竞技发展到了更加复杂的身体和技术的复合状态的层面，这也是奥林匹克运动身体技术化的体现。

3. 技术的身体表象背后的自然科学

奥林匹克运动是以身体活动为核心的，所有的运动项目都是围绕着人的身体来进行的。而自然科学对人身体的研究对推动奥林匹克运动的发展起到了积极作用，正是有了医学、解剖学、生理、心理等自然科学对身体的研究，才会有人们对身体的科学训练，才能够实现人们"更快、更高、更强"的目标。但是科学只能指明方向，具体的操作还是要靠技术来完成。随着人类自然科学的进步，由此而产生的相应技术也深深影响了奥林匹克运动。在自然科学的引导下，一批批先进的技术应用到了奥林匹克运动中，尤其是针对身体能力的训练方面可以说发展出了一批高科技的产品。美国著名杂志 Nature 在 2017 年 9 月的一篇文章里面提出了 "Smarter, Not Harder"，我国著名运动科学专家、教育部长江学者刘宇教授把这句话翻译为"奥运金牌背后不只是汗水和泪水，更离不开运动科学"，这里的运动科学就是以自然科学为主体，以突破人类生理极限为目的，帮助运动员充分发挥潜能，弥补弱点，增强实力并降低受伤的可能。所有这些研究所创造出的技术产品对人体的运动表现促进、运动伤病的预防起到了很大的作用。

新型功能运动纺织材料包括银纤维、铜纤维、磁纤维、导电纤维、发热纤维、防辐射纤维、高强度耐磨纤维、柔性感应纤维、分子马达（纤维基驱动材料）等具有某些功能的纤维，这些功能纺织纤维和功能纺织品代表材料、化工、纺织及相关领域的科技发展水平，是纤维、纺织、染整、服装、精细化工等领域的科技工作者关注的重点。在传统功能纺织纤维和纺织产品的基础上，随着柔性电子技术、新型功能纺织材料研究的进展，以智能服装（smart clothing）为代表的新型功能纺织品应运而生，在医疗、军事、体育和特殊职业行业中形成广泛应用，促进了健康纺织市场的多元化发展。这些材料技术的发展，促进了运动服装普通运动服——工效运动服——功能运动服的进化。肌电图运动装是穿戴式技术在纺织服装领域的成功运用，它可以帮助广大健身爱好者和专业运动人士了解各种运动锻炼方法的神经肌肉反应和适应，掌握运动负荷，研究肌肉活动行为，优化动作结构以及进行多环节神经肌肉系统分析，让专业的技术分析低成本再现于日常体育锻炼和运动训练。

现代科技在人体运动动作捕获和运动建模上已取得了长足的进步，能够将人身体的运行轨迹以及身体的运动倾向捕获得非常清晰。根据这项技术，人们可以把人体在运动过程中的肌肉、骨骼的力矩、力臂甚至是方向都计算得非常准确。这能够让运动员的动作更加精细合理，大大提高运动员的身体表现，并对预防伤病起到积极的作用。

通过上述例证我们可以看出，自然科学对奥林匹克运动带来的技术支持更多是具身性的或者是更内化于身体的技术，这些技术直接作用于身体或者辅助身体提高表现，或者检测和测量身体数据。这些通过自然科学比如人体科学、材料学、生物力学、生物化学等学科形成的技术对奥林匹克运动的身体技术化起到了支撑的作用。

4. 技术的身体表象背后的社会科学

奥林匹克运动是人类重要的社会文化活动。技术的发展使得现代奥林匹克运动和古代奥林匹克运动有了天壤之别。奥运会是一出伟大的国际性戏剧——一个全球性的戏剧表演，运动员就是演员。他们包含了人类情绪的所有方面。他们有当众留下痛苦和快乐的眼泪的时刻；他们有展示成功和失败的场所；他们见证人类的伟大、勇敢、决心和耐心；他们展示身体的优雅、美丽和力量。他们集娱乐、电影、芭蕾和戏剧为一体，是为全球数亿观众演出的剧目。媒体则是传递的手段。媒介技术手段通过文字媒体、广播电视媒体到现在的网络直播平台对奥林匹克运动的文化传播起到决定性的作用，也让奥运会这个小小城邦的运动会成为了世界上参与人数最多、影响范围最广的人类文化活动。除此之外，为了达到更加吸引观众的目的，奥运会的仪式也在技术的包装下成为了奥林匹克运动会的亮点。从奥林匹克圣火的点火仪式、圣火传递仪式，到开幕式、发奖仪式，再到最后的闭幕式。这些仪式使得奥林匹克运动会有别于其他的体育赛事。他们揭示出奥林匹克运动的文化特性和举办国的文化特征，大多数仪式都有其固定的模式。但是在具体的操作方面，科学技术起到了重要的作用。在现代奥林匹克运动会上每次开幕式上那些让人惊艳的表演都离不开具体技术的支持，中国在2008年举办了非常成功的一届夏季奥林匹克运动会，当时国家提出的办会口号就是"绿色奥运、科技奥运、人文奥运"。从实践角度，奥林匹克文化与科学技术的融合，很好地消除了斯诺关于"两种文化"[133]的困惑。

技术使得奥林匹克运动看上去更美，奥林匹克的运动场馆建设、运动员五颜六色的服装设计都在技术的支撑下变得越来越吸引人们驻足观看或参与其中。技术也使得奥林匹克运动的规则更严谨、更有保障。裁判的误判问题一直是困扰奥林匹克运动的一个难题，技术的发展使这个问题得以解决，例如在网球比赛中鹰眼系统的引用，鹰眼系统是通过高速摄像技术对运动中的球体进行动态捕捉，能够精确地确定球落地瞬间的位置。

如果说自然科学让奥林匹克运动中人的身体表现更加完美，更接近人类的极限，使其内核更加稳固，那么社会科学就让奥林匹克运动的文化外延更加广阔，整体来说奥林匹克运动技术化的发展趋势更加坚实。

第三章

奥林匹克运动中的技术与身体

奥林匹克运动离不开技术。奥林匹克运动中的技术具有什么样的形态和特点呢？技术哲学家F·拉普把技术（technology）归纳为三部分：可以研习的技能，如驾驶技术、弹钢琴技术和滑冰技术；因集体的复杂过程也是有规则有方向的，也要有一定的技术，所以与工艺有关的对象归为"技术"[134]。从上述的概念中，可以概括出三个关键词，即技能、规则和器物（工艺有关的对象）。这三个关键词构成了技术概念的主要内容，从另外一个角度分析，也可将拉普的三个技术分类看作技术的三个形态。技术形态是技术的外在表现形式，也是内容的具体展示。

奥林匹克运动中的技术也基本符合拉普这个技术概念，但是其表现形式和样态有区别。根据奥林匹克运动的特点，奥林匹克运动最基本的基础是人身体的活动，这种身体活动要遵循一定的规律并受到规则、场地、器材等限制，在规则允许范围内人的身体可以借助一定的外在手段来达到更好的运动表现。根据这些特点，本书把奥林匹克运动的技术分为了四种形态，即身体形态、规则形态、器物形态和媒介形态。身体对所有人来说可能是所有的东西[135]。其中身体形态又是最重要的技术形态。既然如此，身体的属性也就构成了探讨身体与技术关系的基础。身体的属性是多方面的。自己的肉身构成了自然的身体，我们与他人沟通交流并产生共鸣的身体，形成了社会的身体。作为社会身体构成了人们书写文化历史的书籍；成为身份认同的建构者；区别于他人的标志；支配性权利的感受器；或当作一种工具。奥林匹克运动中的身体又具有区别于其他活动的独特方面，那就是竞技属性。身体的自然属性、社会属性和竞技属性构成了奥林匹克运动技术发展的前提。探讨身体与技术之间的关系，就要分析四种技术形态与身体属性的相互作用，奥林匹克运动中伊德的三个身体的区分也是显而易见的。其中竞技的身体属性是技术的身体形成的关键。可以说，身体构成了奥林匹克运动的主体，技术构成成为了其发展的根本动力之一。

奥林匹克运动的口号是"更快、更高、更强"，正是在这一口号的激励和鼓舞下，奥林匹克运动成为人类不断超越自我、挑战人体极限的前沿阵地。人类身体意识觉醒才有了奥林匹克运动的起源，技术让现代奥林匹克运动有了发展和前进的动力。随着人们对于身体认识的加深，人们了解了身体的解剖和生理等科学方面的原理，身体的训练开始走向高效和科学。那么在奥林匹克运动中的技术有哪些，身体是怎样的？它们又是如何推动奥林匹克运动发展的，它们之间的关系是怎样的？这些需要在下文中探讨和梳理。

第一节 奥林匹克运动中的技术

通过对奥林匹克运动发展历史进程的考察，会发现在不同的历史时期，现代技术扮演着极其重要而又不同的历史角色。没有现代技术的推动，奥林匹克运动就不能兴起；没有技术的大力支持与帮助，奥林匹克运动就不能快速发展和繁荣；正是技术与奥林匹克运动的融合，促成了奥林匹克运动技术化。是科学技术让人们真正地认识了自己的身体结构，现代奥林匹克运动是在对身体有了比较正确评价的基础上逐步发展起来的。技术不但对奥林匹克运动的外延（例如比赛的组织管理、场馆建设、媒介传播等）起到了至关重要的推动作用，对奥林匹克的内核，即奥林匹克运动中的竞赛也起到了保障的作用。随着奥林匹克运动在全球范围的普及、竞技运动水平的提高，奥林匹克运动的竞争日趋激烈，提高运动成绩、夺取奥运金牌的难度越来越大。据俄罗斯学者统计，目前，"提高运动成绩"这一现象所涉及的因素达50多项，包括体能、机能、智能、心理、技术、战术及许多社会因素，对这一现象的研究涉及人体形态学、遗传学、解剖学、组织学、生理学、生物化学、生物力学、营养学、医学、心理学、教育学、管理学、经济学、信息学等几十门学科。提高人类特殊人群——运动员——的运动能力，已经成为体育科技工作的明确目标。[136]可以说奥林匹克运动中技术是一个复杂的系统，涉及奥林匹克运动的方方面面，而技术形态作为技术的外在表现形式，对技术的发展起到了至关重要的作用。

（一）奥林匹克运动中技术的形态

形态是事物存在的样貌，或在一定条件下的表现形式，是可感知、可把握和可理解的。技术的全部是多种技术形态的总和，在特定条件下技术具有特定的形态[137]。技术形态的区分是按照技术的使用价值和目的指向所决定的，不同形态的技术都有其自由的目的和价值。伴随着科学技术的发展，现代奥林匹克运动不断发展壮大。奥林匹克运动会已经成为世界上迄今为止规模最大的人际交流活动，来自全球各个地方的两百个国家和地区的代表团共聚一堂，成为国际体育科技成果交流和展示科技水平的"特殊交流会"。围绕奥林匹克运动而从事的每一项活动都包含着高科技成果的影子，从赛事的组织管理到信息传递，从运动员的食宿条件到交通保障，从赛场建筑的设计到声、光、电技术的应用，从比赛装备的革新到裁判器材的改进，从运动员的安全保障到违禁药物的检测、分析，都涉及诸多领域的科学与技术。奥运匹克运动已成为展示现代科学技术最新成果的橱窗。围绕着奥林匹克运动已经形成了一个庞大的技术系统。

奥林匹克运动中的技术是存在于人与其他因素的种种关系之中的，人是关系整体中的核心要素。在奥林匹克运动中，人总是与自身与他人和场地以及设备发生各种各样的联系，影响着运动结果的走向。技术后现象学通过人—技术—世界的视角，把奥林匹克运动中的技术按照人与技术、世界的关系进行了划分，把技术分为身体形态、规则形态、器物形态和媒介形态四类形态，并从技术形态的这四个维度来分析奥林匹克运动中的技术形态存在特征。

1. 奥林匹克运动中身体形态的技术

奥林匹克运动中身体形态的技术是指源于身体本能和由外部条件激发起来的为了达到某种目的身体技术，主要包括基于本能的技术和基于技能的技术。基于本能的技术是基于技能的技术的基础，

第三章 奥林匹克运动中的技术与身体

也是奥林匹克运动身体形体技术的基本形式。而基于技术的技能是一人通过技术对外界的感知和知觉,是一种技术的具身。这种形态的技术,技术和身体是合一的,即身体即是技术的本体,而技术就是身体的表现形式。

马塞尔·莫斯指出:"人的第一个,也是最自然的技术物品,同时也是技术手段,就是他的身体。"[138]在马克思主义看来,身体既是劳动的载体又是劳动的场所;从尼采的角度看,肉体的分类不会先于知识分类体系,因此,他把身体作为一种社会建构;特纳认为:人们用身体、在身体上、通过身体进行实践[139]。在奥林匹克运动中,运动态的身体既是实践对象,又是实践场所,同时也是实践方法[140]。身体技术是指:"一个又一个社会的人们以传统的方式懂得了使用他们自己身体的方法。"[138]身体动作构成了奥林匹克运动的最基本单元,单一或多种身体动作的合目的性组合构成了身体形态的技术。不同身体动作的组合构成了体育的不同项目,摆臂抬腿跑是径赛项目的主要特点;投掷动作构成了田赛项目的主要特点;不同手臂的推水和划水动作的区别构成了游泳项目的不同泳姿。运动技术是技术哲学的重要组成部分,但往往也是技术哲学比较容易忽视的地方,因为没有哪个技术能够像运动技术这样,身体既是其主体同时又是被改造被训练的客体,主体人根据自我需求通过对身体的改造过程和教育过程,完成了人—体育—人的认知过程,人们完成了认识自我的重要方式。在奥林匹克运动中,所说的运动技术的本质就是身体技术即不同身体动作的组合。根据技术哲学的理论对奥林匹克运动项目运动技术进行共性特征的分析[141-143]。对运动技术的序列发展问题进行的研究得出:运动技术的序列发展是连续性与阶段性的统一;运动技术的序列发展既有渐进的、积累的、连续的过程,也有突变的、跃迁的、非连续的过程;运动技术的序列发展是"合目的性"和"合规律性"的统一;在这个过程中存在"非均衡"现象;运动技术序列发展的主要动力性因素有竞技需要、规则要求、科技介入等[144]。通过以上内容的研究,本研究把身体技术按照身体动作结构的复杂程度分成了三种,即单维身体技术组成的、多维组合身体技术构成的和复杂应变的身体技术组成的。

运动技能是协调运动的能力，其包含两个含义：如何进行运动规则和因联系和反馈而逐渐变得精确和连贯的实际肌肉活动[145]。英国学者 Romisozwsik（1981）的观点是：技能是学习者为了达成某一目标用适当方式作出的行为表现，并随着学习者的经验和练习得以掌握和提高。包括认知技能（cognitive skill）、动作技能（motor skill）、反应技能（reactive skill）和交互技能（interactive sikll）四种类型[146]。技能是身体技术的基础。技能是在特定的目标设置下的操作顺序，是身体技术的描述。单一身体动作构成的身体技术形态，动作相对比较简单，主要是以身体能量的直接输出为表现的体能类的运动项目，比如：短跑、长跑、投掷项目、游泳、举重、短程速度滑冰、滑雪等。这些项目主要表现为完整的技术动作由若干个相同的周期构成，技术动作具有高度的稳定性、准确性和可控性，表现技术动作明确的经济性和实效性，以及技术原理与个人技术特点的完美结合[147]。

多维组合身体动作构成的身体技术形态。此类身体技术形态的运动项目以高难度的身体表现和对身体姿态的控制能力以及与同伴或运动器械相配合为主要形式，具体划分为体操、跳水、艺术体操（体操）、蹦床、单板滑雪、自由式空中技巧、武术套路等项目。

复杂应变身体动作构成的身体技术。此类身体技术形态的运动项目要求运动员对技术掌握扎实，技术特点突出，并能够在技术发展中不断创新。此类运动项目的划分具体为：足球、篮球、排球、网球、拳击等项目。

奥林匹克运动中身体形态的技术是奥林匹克运动的根本，也是其他形态技术所围绕的核心，身体形态的技术以身体动作为单位，身体形态的技术一般来说稳定性比较好，但是会因个体身体形态、动作特点的不同而略有不同。身体形态需要在其他形态的辅助下，达到身体的最好表现。

2. 奥林匹克运动中器物形态的技术

器物形态的技术是外在于身体的，有助于发挥身体技能的所有技术物，具体包括运动器械、场地设施、服装、仪器、医疗手段等。器物形态的技术是奥林匹克运动中现实技术的具体体现，是一种工具类的硬技术，代表着技术的先进化程度，现代奥林匹克运动的高科技大都展现在具体的技术物中。

该形态的技术与身体形态的技术结合构成了奥林匹克运动的整体画面。现实技术是以改变包括有机和无机自然界在内的直接外部世界为客体的一种存在方式，是人类对自身、环境、自然对象化作用的结果。从技术的演变过程中看，技术首先是作为工具性对象化结果存在的，如各种工具、器皿、农业耕种技术、灌溉技术等；然后是作为具有自我强化的体系存在的，如电力生产技术体系、建造技术体系、信息技术体系等。这些技术，是人类集体有预见性的、有规模性的生产过程的结果，是物质世界被人类对象化改造的结果，即"技术的东西"[148]。而这些物质性的存在，可以归结为技术的一种基本形态，即技术的器物形态。在奥林匹克运动中，作为物质性存在的技术，表现为物化的存在方式。这些物化之物在奥林匹克运动中已经是一种普遍性的存在，现代奥林匹克运动无法脱离这些器物而独立发展。换言之，奥林匹克运动中的这些器物形态就是该运动的一个重要的基础性构成，从某个方面或者角度来展现器物的存在。在客观上来讲，奥林匹克运动与其所用之物是一个整体的概念。

奥林匹克运动中所应用的体育器材，是从事这些活动的不可缺少的工具。这些工具是否得心应手，直接影响参与者参与奥林匹克运动的效果，对于运动员来说，则直接影响到比赛的成绩或胜负。例如：撑杆跳高项目中最早使用的撑杆是竹竿，而随着先进技术的应用，依次经历了金属杆、尼龙杆、玻璃钢杆、碳纤维杆等发展阶段。在20世纪60年代初使用碳纤维杆替代竹竿所取得的成绩超过之前20年的总和。为何采用碳纤维杆后成绩能大幅度提高呢？其原因是碳纤维杆受到冲量能发生大幅度形变，这种形变将接受的动量变成势能，当撑杆恢复原来的形状时，贮存的势能就以弹力的方式作用在运动员身上，将人抛起[149]。网球从诞生之日起，球拍的形态及制作工艺都发生了巨大的变化，网球从最早用手掌大小的板子打球，直到球拍出现，以木头为主要材质，到铝合金球拍、质量更轻的碳素球拍再到纳米材料的球拍。可以说每一次新材料新工艺的使用都对网球运动的发展起到了具大的推动作用。网球拍发展到今天，球拍的质感更好，击球的速度更快、稳定性更强，对球的控制也更加适合不同运动员的需求（加训练技术器械）。

奥林匹克运动中应用的体育设施及场地，也与技术的发展呈现正相关关系。在奥运会赛场上，运动员竞赛成绩的差异性越来越小，有时冠军之争都是在人眼很难分辨的程度，例如100米的比赛，有时比赛的成绩只有零点几几秒的差距，这时完全依靠人眼的判断容易造成误差。但是电子技术和终点摄像技术，完全解决了这些问题，头发丝的差距都可以用摄像技术展现出来，做到了成绩的翔实和运动员水平的真实反映。体育设施的发展也推动了奥林匹克项目的发展，以网球项目为例，最早的网球比赛都是在草地和泥地上进行的，因为草地和泥地的维护成本高，对网球的开展起到了限制作用。随着材料技术的发展，塑胶材料在网球场地上的应用，使得网球场地的表面更加平整，维修和保养的费用也大大降低，为网球项目推广到全世界起到了至关重要的作用，现在网球赛事的四大满贯赛事，有两项比赛都是在硬地场上进行的。

器物形态的技术之一服装技术也是一种很古老的技术，目前已经发展成为可穿戴技术。现代奥林匹克运动中的体育穿戴技术的发展可以说是琳琅满目，样式越来越美观，也更符合现代人体结构学的要求，再通过运动员身体的展示，其所穿戴技术物很快就会被大众所追捧。以运动服装为例，已完成从普通运动服装到工效运动服装再到现在的第三代功能运动服装的演化。第三代运动服装不单单起到轻便随身适合运动等特点，还可以根据不同的运动项目的特点，对身体的肌肉进行更合理的保护，并且配备电子设备，对运动员的运动指标能够进行实时监控。在游泳运动中，质料对运动成绩的影响是非常显著的。如现在已经被禁用的"鲨鱼皮"泳衣，这种泳衣极大地减少了运动员在水中的阻力，并能够通过紧身束缚而提高肌肉的性能，从而提高速度。在2000年的悉尼奥运会上，澳大利亚运动员索普就穿着这种泳衣打破了两项世界纪录。再比如我国的著名跨栏名将刘翔，当时Nike公司为刘翔参加2004年雅典奥运会特地制作了一双钉鞋，这双钉鞋是根据刘翔的技术特点和脚的形状制定的，整双鞋的质量只有90 g，鞋帮采用了特殊的穿孔设计，足尖处运用了锁定技术,鞋底里面更是藏着关键技术:轻薄的鞋底不仅使跑步鞋更轻,而且提供了对冲击力的保护,鞋底柔韧的尼龙承拖盘、链接式前掌为运动中的转动提供了保护,五根可拆卸的鞋钉,提供更强的抓地力。

上述谈到的器物技术一般是单一的技术器物或者几个相关器物技术的综合,而在奥林匹克运动中奥运场馆的建设技术就是一个好的工程技术,是一个复杂的器物技术系统,是器物技术的综合体,奥林匹克的场馆建设技术,需要协调各种技术来满足奥林匹克运动的整体目标。为了保证运动会的成功举办,奥运场馆的建设,尤其是主体育场馆历来受到各主办国和城市的高度重视和世人的瞩目。人们会皆尽可能地进行建筑设计,投入优质、先进的技术和材料产品来建造和装备奥运场馆,为运动员取得优异成绩和观众欣赏比赛创造更为优越的条件和环境。以北京奥运会体育场馆建设为例:北京奥运会的场馆最广为人知的两个是"鸟巢"和"水立方",这两个场馆造型别致,是具有世界级技术难度的奥运建筑,在材料、技术、施工等诸多环节,运用了最新设计理念和技术成果。"鸟巢"的国家体育场,建筑面积25.8万平方米,可容纳9.1万人,该场馆容纳观众的数量是雅典奥林匹克综合体育场容纳观众数量的近两倍。为了让如此众多的观众获得最好的观赛效果,中国建设者以充满科技含量和想象力的设计,出色地解决了诸多问题。"鸟巢"看台设计得像边沿高地起伏的"碗",上下层看台之间有部分交错,让观众无论坐在看台上的哪个位置,和比赛场地中心点之间的视线距离都是140米左右,能无障碍地观看比赛。一般大跨度的体育场馆,屋顶有屋架、风管、爬梯、各种设备管道,既不美观又容易分散注意力,而坐在"鸟巢"的观众席上,除了蓝天白云,只能看到一层薄薄的白色"窗棂纸",那是屋顶双层膜结构的下层。鸟巢最多时要9万多人同时观赛,现场的声音之嘈杂可想而知,如果场内没有良好的吸声材料和声学效果,无论运动员还是观众都将很难听清场内的广播。"鸟巢"的下层膜采用吸声膜材,能起到声学吊顶的作用,配合钢结构件上设置的一些吸声材料以及场内使用的电声扩音系统,使内部的语音清晰度指数达到0.6,这个数字能保证坐在任何角落的观众都能够清晰收听到场内的广播。鸟巢是奥运工程建设中的一号工程，也是投资量最大、建筑面积最大、标准最高、钢材用量最多、科技含量最高、施工工艺最复杂的工程[150]。"水立方"——国家游泳中心是世界上最大的游泳馆。"水立方"不仅是北京2008年奥运会三大标志性建筑之一，也是世界上规模最大、构造最复杂、技术综合最全面的工程，是我国第一个采用ETFE（乙烯-四氟乙烯共聚物）膜材料作为立面维护体系的建筑。在其墙体设计中，我国建设者突破传统做法，首创以泡沫结构为基础分割出建筑的整体形状和各个内部空间，实现从墙壁到天花板的整栋墙体结构连接顺畅自然、严丝合缝。国家游泳中心利用热质材料的储热特性和采用随季节变化的内遮阳方案来充分利用太阳能，白天有效收集热量，夜晚热量被释放到建筑物内部。同时引入国际先进的小规模光伏发电并网系统，实现太阳能的光电转换和利用。

在奥林匹克运动中最能体现技术水平的器物形态的技术，是奥林匹克运动中技术的主体形态。这种形态的技术直接与身体接触，或者有内化于身体的倾向，对奥林匹克运动中的身体的表现起到至关重要的作用。

3. 奥林匹克运动中规则形态的技术

现代奥运会的核心价值是规则[151]，奥林匹克运动中技术的规则形态是指为了判定比赛的胜负和确保比赛公平公正所使用的技术，其形态是以服务规则的目的而存在的，从技术的概念来看，规则也是一种软技术，可归为一种制度文化，具体涉及距离、时间、重量等物理尺度，以及得分和犯规等制度规则。规则形态技术是奥林匹克运动区别于游戏、玩耍的一个重要方面，是奥林匹克运动公平竞争的基本保证。游戏和玩耍是动物和人类所共同拥有的活动，在古代的奥林匹克运动中，游戏和玩耍的成分占到较大的比例。但是随着技术在奥林匹克运动中的应用，技术对奥林匹克运动规则的浸入，奥林匹克运动发展逐渐成熟。

奥林匹克运动中技术的规则形态是奥林匹克运动比赛和竞技中为了最终确定比赛的胜负的技术和技术手段。奥林匹克运动中技术规则形态的发展是一个动态的发展过程，在这个过程中技术不断针对规则的变化而变得更加精确。在奥林匹克运动初期，规则形态的技术是随意的、不起主要作用的，此时比赛结果的评判也都是通过比较直观的判断来完成的，如在古希腊时期的掷铁饼比赛中，比赛的铁饼重量和规格都是不一样的，这一方面说明当时的比赛结果的不严谨性，另一方面也受到当时制造技术水平的限制。但是随着规则形态的技术的发展，技术完成了从一个规则的旁观者、辅助者到了主宰者和最终决定者的角色转变。人类理性化的进程和严谨的规则是奥林匹克运动区别于游戏的关键。奥林匹克运动中技术的规则形态及规则形态的技术贯穿于奥林匹克运动的各个方面。规则形态的技术是以时间、空间维度来发展的，技术会根据每个项目的不同，测量尺度包括计分、计时、测距离等。物理测量的规则技术随着技术的发展越来越精细化，制度规则技术也越来越严谨。

公平竞争是奥林匹克运动的最高竞技法则，也是规则形态技术的最终目标。奥林匹克运动中技术的运用一方面是要保证运动员好的运动表现，另一方面是为了保证比赛的公平和公正。网球运动中"鹰眼"技术的应用，就很好地帮助了裁判员并使得网球比赛更加公平公正，也为"鹰眼"技术在其他运动项目领域的使用开了个好头，目前足球、排球、羽毛球等项目都开始尝试使用该项技术。鹰眼技术的原理是由多个高清的摄像头对准运动的场所，对正在比赛的项目进行实时定点的拍摄，然后通过摄像头拍摄的画面传递到可以将运动的动作放慢的大屏幕上，利用摄像头对比赛的拍摄，明确分析出运动的轨迹，根据这些精确的数据，利用计算机强大的运算功能以及图像显示功能，把比赛中的情形完全慢动作地再现出来，更方便观察高速运动物体的具体运动路线和着落点，这些看似复杂的收集、整理、分析、计算和再现功能利用鹰眼只需要很短的时间就能完成[152]。精确的测量技术使得奥林匹克运动有了统一的尺度，因此才有了纪录的出现。奥林匹克运动的规则是奥林匹克运动决出胜负、公平竞争的最基本保证，同时也是该项运动国际化扩散的基础。规则的特点就是统一性和客观性，统一性体现在所有的参赛者不分国家、地区、种族的限制可以参加比赛规定的参赛项目，但是必然条件就是遵守该项目的规则。所有的奥林匹克运动项目都对违反规则有着明确的界定和判罚。这样的规则和判罚不是针对某一人或某一群体,而是针对所有参加比赛的运动员。

规则形态的技术在奥林匹克运动的发展中是至关重要的,该形态技术是围绕规则而产生和发展出来的,规则形态技术为奥林匹克运动在全球的推广起到了至关重要的作用。更重要的是,让奥林匹克口号中的"公平公正"落到了实处,保证了奥林匹克运动的公平竞争。

4. 奥林匹克运动中媒介形态的技术

奥林匹克运动中技术的媒介形态是传播奥林匹克运动文化的技术载体。具体包括报纸、广播、电视、网络等媒介技术。奥林匹克运动之所以如此受到重视,成为当代社会的一种代表着卓越、勇敢、公平竞争精神的文化,与奥林匹克运动的在全球范围的传播是分不开的。媒介作为传播文化、价值和内容的重要载体,在人类发展历史上起到了至关重要的作用,是奥林匹克运动中的重要技术形态。麦克卢汉、波兹曼等对媒介做了很高的评价,麦克卢汉认为:媒介是人的延伸、"媒介即讯息"[153]。波兹曼认为"媒介即隐喻",虽然在他看来:"政治、宗教、新闻、体育、教育和商业都心甘情愿地成为娱乐的附庸,毫无怨言,甚至无声无息,其结果是我们成了一个娱乐至死的物种。"[154]在其观点中认为娱乐性正在异化体育的价值,其观点带有明显的对于当代电视等电子媒介的批判。但是不容忽视的是,正是媒介的发展直接推动了奥林匹克运动价值的传播和普及。

媒介是奥林匹克文化传播的主要路径,是奥林匹克运动实现可持续发展的关键环节。[155]奥林匹克文化传播的媒介形态也经历了口口相传、文字记录、声音传播、图像传播,到今天的网络传播和社交媒介等过程。可以说每一种传播的样态都影响着奥林匹克运动的价值和意义。从媒介文化视角来看,媒介形态对于文化产生重要的影响。

文化因媒介方式的变异而不断开辟出新的发展路径[156]。媒介技术并不是文化中某个偶然参与的过客,而是恒久固定的角色。新媒介①的崛起衍生出五光十色的新文化，而恰似丹尼尔·戴扬的戏谑："奥运会是被文化'劫持'的竞技场。"[157]作为现今主流的传播方式，媒介在奥运会这一最为广阔、最具变化性的场域中，解构着以往的奥林匹克媒介文化，建构着自己的奥林匹克媒介文化。更为重要的是，媒介文化研究使得对传播的关注跳出纯文本研究，转向一个更为立体、开放、鲜活、生动的"综合性社会文本"[158]。里约奥运会中全息投影技术、AR增强现实技术、VR虚拟现实技术等新媒介的运用，引领了奥林匹克的场景美学。新媒介通过营造审美场景——真实与梦幻、经验与想象、可能性与创造性的相加，使人在体验与体认的身体实践中、在感官的深度沉浸下解放自我。二维平面、受限的幕布与道具、物理世界、临摹和模仿已被计算机算法建模而成的三维的、拟真的、异次元的奇观世界所超越；单眼视角、静止视角转换成了能动的视点；被数字化延伸的身体成为场景文本里置于其中、随之互动的一部分。当"伊利诺伊大学国家计算机处理中心和体育部在一个永久的奥林匹克空间筹建世界第六大虚拟空间（整合实验室）"的时候；当"东京8分钟"里"哆啦A梦"等ACG形象与北岛康介等奥运名将互动传球、AR技术演绎33个竞技大项以流露东京奥运会创新意味的时候；当英特尔成为继三星、松下、阿里巴巴之后奥林匹克全球合作伙伴中又一有着雄厚数字化背景的公司并承诺将5G、无人机灯光秀等技术引入奥运会的时候，观众会和辛德尔有相同的期待："我意识到虚拟的奥运会似乎被赋予了魔力，包括我在内的许多人都期待一个梦幻世界。"[159]新的媒介为奥林匹克文化传播带来了不一样的感受和体验。媒介技术的发展，让身体在奥林匹克运动中有了更为广阔的展示平台。

奥林匹克运动中的这四种技术形态，从身体本身出发到限制和保护身体的规则，到所使用工具器械类技术物和依存的场地，以及宏大的建筑群落，再到通过语言、文字、声音、图像等形式把奥林匹克运动中的运动态身体传播出去的媒介技术，这四种技术形态之间存在着相互依存、内在统一的辩证关系。一般来说，身体技术形

---

① 新媒介是与传统的电视等传统媒介相对应的，主要指网络的传播媒介，例如Youtube、Facebook等。

态是人对自身改造过程中遵照科学的、系统的训练让人的身体更加符合运动项目所需求的身体。而器物技术是离身体最近或者说是具身的技术物，它直接作用于身体，是身体直接接触的物体，这种技术形态的技术和运动的契合直接影响着运动成绩的好坏。规则形态的技术为该项运动的发展提供了方向，也为其他形态技术作出了尺度和限制。媒介形态的技术是所有这些技术的一个展示平台，让身体技术形态与器物技术形态以及工程技术形态所形成的整体被世界不同地域的人们所直观和接受。这四种技术形态以一种具有相互作用的关系构成了一个基本稳定、具有特殊功能的系统，这个系统就是一个复合的技术系统。在目前这个技术统治的时代，现代奥林匹克运动正是以这样一个复合系统的形式存在着[160]。

（二）奥林匹克运动中技术的功能

奥林匹克理想（Olympic idea）是顾拜旦创建的一个词，1894年他在为复兴奥运在巴黎召开的国际体育代表大会上第一次郑重提出这个概念。他说："我再次保证，并为奥林匹克理想举杯，这一理想像万能的阳光，穿过许多年代的迷雾，并以令人喜悦的希望之光，照亮20世纪的大门。"顾拜旦在这次会议上庄严宣布："古希腊奥林匹克主义经历十几个世纪的黯然失色之后又重返世界。"奥林匹克理想是以奥林匹克主义为奋斗目标的一种对未来的设想和信念，并经过实践而形成的一种思想体系。奥林匹克理想崇尚公平竞争、"更快、更高、更强"以及参与比取胜更重要的原则。奥林匹克理想的实现离不开技术的保障，下面结合具体的实例来分析技术对奥林匹克理想的影响。

1. 追求卓越身体的依托

奥林匹克运动区别于一般身体活动最主要的特征之一就是其所内在的身体的"竞争性"，而表达这种共有特征的手法是多种多样的，因此才会看到众多各异的运动项目的存在[161]。奥林匹克运动代表着人们所共有的身体冲动的理想化。"追求卓越"是奥林匹克运动最本质的精神动因，卓越并不是只为满足内心的快感，是为生命力的冲动、洋溢和活跃，是积极肯定生命的理性选择[162]。人们追求卓越其实质是对于自己身体优秀表现的向往。这种优秀的身体是一种健康的、充满力量的身体。身体是人自然属性的全部体现，是生命活动的基础。身体有两种发展的态势：健康和病态。健康的身体是有活力、积极、乐观的，而病态是虚弱、消极、痛苦的。人类都抱有追求健康、避免病态的愿景，因为身体的希望体现在健康。"健康的精神寓于健康之身体"[163]。身体的健康状态是一种相对的状态，需要不断地维护和保养，并且人们已不满足于基本的健康状态，而是向往着自己的身体能够超越健康状态成为一种"超人状态"，这就需要行为中介和活动媒介，奥林匹克运动成为了人们保持健康身体追求卓越身体的不二选择。而奥林匹克中的技术为人们追求卓越提供了强有力的支持。人们在技术的支持下，跑得更快、跳得更高、游的更快，更重要的是人们的身体能够得到更好的体验和保护。这都离不开技术对奥林匹克运动的帮助。人们正是依托着技术手段的支持和帮助，让奥林匹克运动项目更加多元化，追求身体卓越的方式更加多样化。现代奥林匹克项目的运动员的运动寿命比以前延长了很多。以网球为例，瑞士天王费德勒38岁夺得了大满贯的冠军，这在以往的男子网球历史上是不可能出现的，因为网球是一项对技术、体能、心理要求都非常高的运动，而且其职业化程度也是运动项目里最高的。而费德勒到目前为止还没有宣布退役，还在不断地提高自己。这与他自身的优秀有关，也与现代技术对于其身体训练帮助以及运动伤病的预防有很大的关系。在其他的运动项目中，这种大龄运动员也越来越多，他们能够与年龄竞争，并保持好的竞技状态，与技术对其卓越身体的支持是分不开的。

奥林匹克运动不是人身体原始的发泄，而是一种自身潜能的开发、身体能力的探寻，是人之身体与自然的挑战与竞技。人们正是在一次次追求卓越的过程中体验到了快乐，寻找到了生活的意义。而技术无疑为人们寻求卓越的身体提供了更多的可能。

2."更快、更高、更强"理想的支持

"更快、更高、更强"是奥林匹克运动发展的口号，也是奥林匹克理想的一部分，它代表了人们追求卓越、积极勇敢、精力充沛、崇尚竞争的精神。奥林匹克运动发展到了今天，人类的极限正在被不断地突破，各个项目的纪录也在被不断地改写。这一切都离不开技术在奥林匹克运动中的应用。运动生理学让人们对于运动的身体机能更加了解，运动解剖学让人们对于人体的骨骼和肌肉及其运动原理把握得更准确，运动训练学让人们运动的强度、方法和手段更加科学。在这些科学原理的指导下，一大批关于奥林匹克运动的技术开始应用。"背越式"跳高技术的出现，让人们利用自身力量起跳得更高；黄金跑鞋的出现，也让人们的最快速度接近了9秒；泳衣中新材料的使用以及泳姿技术的合理化使用，让人们在水中的游动更加流畅和节省能量。

奥林匹克运动中，人的体能和精神的激发都已经达到了极限，胜负往往就在毫厘之间，仅靠强壮的肌肉和良好的竞技状态是不足够的，根据人们对于影响运动成绩因素的分析，大概有50多种因素在不同程度上影响着比赛的成绩。而这些因素也都受到技术的影响。目前，很多高技术已被运动员的训练所采用，训练受技术的影响越来越大，比如生物反馈、模拟实验训练、想象训练以及一些体能训练、恢复训练的器材等都已达到很高的技术水平。技术正在帮助运动员充分发挥潜能、弥补不足、增强实力，并降低受伤的可能。

生物力学技术对运动成绩的提高有着巨大的推动作用，让运动员的成绩超越有了依据。人体运动是自然界最复杂的现象，它是神经、肌肉、骨骼、关节以及外在环境协同作用的结果。神经支配肌肉收缩产生力，作用于骨骼系统完成各种机械动作，而执行动作的系统又是一套力学系统。而生物力学的目的，一是提高人类运动能力，二是减少与预防运动损伤，并最终为提高人类能力与健康服务。生物力学研究技术在神经运动控制（neuromotor control）领域的应用，为深入理解运动控制机制起了积极的作用，生物力学测量技术与模型已被广泛地应用于评估动物以及人体神经肌肉系统的功能，特别是肢体运动的动力学定量研究为检验神经运动控制的机制提供了一个窗口，使我们可以通过实验和模型对肢体运动的神经控制作出合理的推测和解释（Winter，2009）。

目前生物力学技术已可完成运动项目的精确捕捉，拥有完备的分析系统：多镜头红外运动捕捉、便携式运动捕捉、可穿戴肌电、十轴惯性传感系统高速骨运动、高速双平面荧光透视系统等，可以进行生物力学及骨骼肌系统逆向动力学分析，骨肌系统正向动力学分析模拟肌群激发策略，定位表现提升制定相应训练方案，损伤模拟机制机理，量化分析关节运动。在冬季项目方面已经可以做到，利用无人机追踪摄像完成冬季雪上技巧类项目运动员运动学指标采集的研究与应用。科研人员通过对奔马不同吸氧量下的奔跑步伐变化研究，推动了越野滑雪技术，大大提高了运动成绩。单板滑雪U形场地技巧是一种在U形场地内进行的极具观赏性和娱乐性的技巧类雪上运动项目，属于以技能为主导、表现难美性的运动项群。在比赛中根据运动员所完成动作的难度、优美度和稳定性来评定成绩。为了更好地进行单板训练研发了一套雪上项目可穿戴设备。该设备主要由18个点足底压力鞋垫组成，并可结合加速度计和陀螺仪集成模块，实时采集足底压力数据的变化和运动姿态数据，通过在手机或电脑客户端上实时显示，对运动员的训练情况进行记录和反馈，全面科学地帮助教练员了解运动员在训练中的真实情况。

奥林匹克运动的口号"更快、更高、更强"不仅仅代表着人们对于成绩和极限的突破，也是一种人们对于自己身体的期望。这种期望一定是建立在健康的身体基础上的，如果运动员的身体饱受伤病甚至由于身体的过度训练而留下后遗症，就违背了奥林匹克运动的初衷而成为一个悖论，片面追求好成绩，无限度地开发自己的身体，人就成为"单向度的人"[164]。奥林匹克运动中的技术应用不仅仅是对身体的潜能开发，也应该重视对运动员身体的伤病防护和损伤恢复，使人的身体使用在一个合理的限度。

3. 公平竞争的保障

奥林匹克理想一部分是建立在"骑士精神"基础上的。公平竞争是奥林匹克运动得以发展的根本原则保证。但是这种公平竞争是相对的，也是需要加以把握的。在竞技的比赛中，公平竞争的原则常常被破坏和侵犯。这时我们就需要技术作为一种手段，来保证竞赛规则的严谨、比赛违规的检测等。技术为奥林匹克运动全球化提供了物质的保证和基础，奥林匹克运动同时也是一个社会文化活动，其被人们所接受的很重要的一点是其文化属性，其所崇尚的"平等、公平、尊严、理性、和谐和卓越"这些价值，都是与人们的美好愿景相一致的。其中很重要的就是平等和公平，是奥林匹克运动的最根本保证，没有平等和公平也就不会有现代奥林匹克运动。

现代奥林匹克运动之所以能够得到全球的接受，也是因其所倡导公平和平等的理念符合人们对于奥林匹克运动的想象。但是现实当中要做到绝对的公平是不可能的，只能尽可能做到相对公平，这就需要从奥林匹克运动的规则设置上进行保证。但规则的设置也需要有技术的支持。测量技术和制造技术对奥林匹克运动的发展起到了至关重要的作用。在早期的奥林匹克运动会上，比赛场地、比赛时间、比赛用的器材没有一个标准，在这种情况下，就会对比赛成绩的准确性产生巨大的影响。例如在最具观赏性的短跑项目上，可能不同组别直接的测量时间差异就决定冠军的归属，或者是同一组别测量准度的差异，分辨不出谁输谁赢。1912年瑞典斯德哥尔摩奥运会，第一次安装了电子计时器，前六名运动员的成绩时间精确到了0.1秒，电子计时器开创了体育测量仪器的新时代。由于此项技术的使用，一些径赛的成绩后来被相应的国际单项组织承认为正式的世界纪录。这样，首次官方奥运会纪录诞生了。现在的终点测量能够达到几万微秒的精确程度，头发丝一样的差距都可以通过终点摄像技术捕捉到。

网球运动是目前世界上开展最广泛的运动之一，它以其优雅的运动姿势、亮眼的服装著称，被认为是"绅士运动"。网球的规则可以说是所有运动项目在公平性和严谨性上做得最好的。这在一定程度上与技术的支持是分不开的，网球运动最初的规则就是根据天体的运行规律制定出来的，发展到今天，"鹰眼"等图像追踪技术在网球场上的应用都是比赛公平的保证，"鹰眼"技术中的回放技术，成为对比赛公平、公正性的一项判断基准，让观众和运动员都能更加明确地了解比赛的进行过程，对于高速的运动能够更加清晰准确地传达出来，减轻了裁判的负担，也降低了裁判误判情况的可能性，完善了比赛的机制，对比赛的结果产生了重要影响，让竞技比赛的开展更加顺利[186]。对于身体对抗类项目来说，裁判的判罚标准和尺度，都受到裁判自身的位置和接触的细节等因素影响，"误判"就有可能随之产生，每届世界大赛误判因素都是影响比赛公平竞争的主要因素之一，但是如果要求裁判员在球场上如此激烈对抗、场上形势如此复杂的情况下每次都作出准确的判断，也是强人所难的，但是现在在足球赛场上引入了"VR"回放技术，多个高速摄像机对赛场上球员的一举一动都能够进行捕捉，这对裁判员来说是一个很好的帮助，对球员、球迷来说也是非常具有说服力的。

"兴奋剂"是奥林匹克运动的毒瘤，也是对竞技运动公平竞争的一种破坏，"兴奋剂"随着科技的发展也变得更加高科技，甚至出现了基因技术的"兴奋剂"，国际奥林匹克委员会、反兴奋剂机构对此也都非常担忧，因为它不像其他兴奋剂药物，改变的基因不可能在尿液甚至血检中查出来，检测的难度也越来越大[164]。对"兴奋剂"的检测和界定，如果没有更高技术的帮助和支持，这些滥用现象是很难被发现的，这也就会造成一个后果：检测技术和增强技术的相互博弈。这也要求我们必须要注重制度管理上的处罚以及伦理道德的宣讲，更要注重提高反兴奋剂技术的提升，这样才能够震慑"兴奋剂"的使用，保证奥林匹克运动的公平。

奥林匹克运动能够有今天的辉煌成就，与技术对奥林匹克公平性的保证是分不开的，因为公平是奥林匹克运动的始基，没有了公平奥林匹克运动也将崩盘，在未来奥林匹克运动将会面临其他的难题和困难。

4. 促进奥林匹克运动的全世界传播

科技革命的发生，使得工业技术时代到来所确立的人的生活区域更加稳定和独立。工业技术体系是一个以科学理性构建起来的社会体系，人对自然的依存性被技术所创造的边界几乎彻底地解除了。在科学技术理性的启蒙下，人不仅获得了自我的肯定，而且获得了与自然自由平等的地位。因此，工业化不仅是一种技术体系的发展模式，而且更确立了人对自然的主体地位和人在社会中的主体地位。科技革命的发生，使人类开始了利用它征服自然的过程。人类首先把自然作为认识的客体而使自身成为主体。

第一次科技革命时期技术对奥林匹克运动的促进作用开始显现，第一次科技革命的历史作用和造成的社会后果至少有三方面：第一，工具机和蒸汽技术使生产力空前发展，手工劳动时代由此为机械化时代所代替；第二，以手工业为基础的手工工厂制为以机器为主体的工厂制所代替，农业社会由此进入农业—工业社会；第三，工业资产阶级和工业无产阶级形成，资本主义制度确立。近代奥林匹克思想和竞技体育正是在此历史环境中孕育、萌芽和发展起来的。同时机械化又使人们摆脱了漫长艰苦而又效率低下的劳动，使人民有时间参与竞技体育的活动。钢铁工业的高度发展，使得竞技体育所需的各种器材、设备成为可能。很难想象，缺乏完美的冶金工业和精细的机械加工业，冰鞋刀刃能得以改进；缺乏材料力学和理论力学的正确指导，符合滑冰运动要求的冰鞋能制造出来，高难度的滑冰技术动作能设计出来。交通技术的巨大变革，特别是铁路的建设和铁路系统的完善以及海运业的建立，对奥林匹克的全球化而言，犹如强有力的推进剂和润滑剂，使得越洋参加奥林匹克运动会更为方便。奥运场馆的建设在技术的支持下得到发展。建筑技术在第一次科技革命的背景下迅速发展，包括斗牛场在内的各种竞技体育场地在欧洲得以建造，各种专用的运动器材如雨后春笋般出现，各种奥林匹克运动项目频繁涌现，如射箭（1787）、足球（1749）、水球（1814）、高尔夫（1754）、划船（1775）。1806年，约翰·辛克勒还公开出版了第一部题为《竞技练习》的竞技体育训练专著，详细地向读者介绍了竞赛前各种训练准备[165]。可以说第一次技术革命，让人们的双手得到了解放，也有了更多的休闲时间，人们的生活质量和生活水平得到了大大的提高，生活方式也发生了巨大的转变。这些都为奥林匹克运动的传播和全球化提供了可能。交通的便利，促使了人们更广泛的流动，每个人都是一个文化的传播器，这样奥林匹克运动也从欧洲大陆走向了世界，同时也带回来其他地区的体育项目。

　　第二次科技革命促进了现代奥林匹克运动的诞生。科技革命开始于19世纪30年代，在第一次世界大战前结束。其标志是电力技术和内燃机技术的大面积应用。从现代奥林匹克的诞生上来看，其时间节点正好发生在第二次科技革命期间。奥林匹克主义的精神和口号也完全符合工业革命的时代精神和目标。第二次科技革命中具有代表性的电力技术的大力发展，使得奥林匹克运动的开展克服了自然因素的干扰，例如解决了灯光的照明问题，广播和电视等媒介技术让更多的人能够听到和看到奥林匹克运动。在这个阶段，奥林匹克运动项目得到了大大的增加，在1863—1895年间，仅英国就有足球、曲棍球、橄榄球、保龄球、田径、羽毛球等项目协会成立。在此阶段，由于科学的发展，运动技术以及运动器材的使用情况得到了大大的改善，人们的身体运动和训练也更加科学化，运动更符合人体规律和生理规律。第二次科技革命可以说为奥林匹克运动全球化提供了物质上的大力支持，让奥林匹克运动这个受自然因素影响的户外运动开始受到技术的庇护。第三、第四次科技革命之后，奥林匹克运动全球化进程高速发展的一个阶段，这时奥林匹克运动已传播到世界各地，并在各地生根发芽，每四年一届的奥林匹克运动会，吸引了世界各地的人们参赛，媒介技术的发展，让人们不但能够听到甚至能够看到比赛，当人们欣赏到运动健儿在赛场上的飒爽英姿，人们对奥林匹克运动的热情一下就被点燃了。现代奥林匹克运动会发端于第一次科技革命期间，在某种程度上是一种必然，正是有了技术的发展和铺垫才有了现代奥林匹克运动，奥林匹克运动会的每一次发展进步都离不开其背后的技术支持。目前奥林匹克运动正向着新的方向发展，要把握住这个方向，就一定要把握好技术对奥林匹克运动的影响。

媒介技术让奥林匹克运动传播到世界各个角落。从古代奥运会到现代奥运会，奥运会的规模和参赛人数上有了跨越式的发展。奥运会由一个小城邦的运动会发展成为了世界上参与人数最多的社会文化活动，每届都会吸引数以万计的运动员和几十亿的观众参与其中。"参与比获胜更重要"作为奥林匹克的理想，参与有了更为广泛的外延，不仅仅指参与比赛的运动员、教练员、裁判员，在现场、电视机前、互联网上观看的人群，比赛的组织者、志愿者、服务人员也都直接或者间接地参与其中。奥林匹克运动有如此之多的参与者和观众，与"媒介技术"[166]对奥林匹克运动的传播是分不开的。麦克卢汉认为：随着电子媒介的发展，地球将变成一个村庄[167]，人类终将重归部落化的"地球村"[168]。麦克卢汉把媒介理解为人的延伸，认为媒介与人是相对独立的，反过来对于人的感知有强烈的影响，不同的媒介对不同的感官起作用。书面媒介影响视觉，使人的感知成线状结构；视听媒介影响触觉，使人的感知成三维结构。一般人认为媒介仅是形式，仅是信息、知识、内容的载体，它是空洞的、消极的、静态的。可是麦克卢汉认为媒介对信息、知识、内容有强烈的反作用，它是积极的、能动的，对讯息有重大影响，它决定着信息的清晰度和结构方式。麦克卢汉认为"媒介即讯息"，把媒介进行了"冷"和"热"的划分，认为热媒介只延伸一种感觉，具有"高清晰度"。高清晰度是充满数据的状态。热媒介要求的参与度低；冷媒介要求的参与度高[153]。

奥林匹克运动的发展就经历了由"冷媒介"向"热媒介"发展的过程，也是由于这种媒介的发展，奥林匹克运动得到了巨大的发展和推广。现代奥林匹克运动的媒介传播经历了印刷技术为主导的报纸、无线电技术为主导的广播、电视到有线技术为主导的电视、电脑再到现在的移动互联网技术下的平台直播等阶段，这样的变化大大增加了人们观看参与奥林匹克运动的方式，也带来了参与人数的大大增加。在报纸传播的阶段，奥运会的比赛结果有时需要几周或者几个月才能传播到，那时的人们也只是关心自己国家的比赛结果，比赛的过程通过文字描述的形式描述；到了广播电视阶段，这个阶段由于受到当时技术水平的限制，电视的清晰度是比较差的，广播的播报不是完全清晰的，需要人们自己的联想介入。而到了有线电视和移动互联阶段，人们观看奥运会的开幕式或者比赛，可以说完全同步，而且图像清晰，甚至可以满足回放、暂停等互动性的要求。让人们观看奥林匹克运动的体验更加多样，也更加多元。

还有一个对奥林匹克参与人数产生积极影响的技术是交通工具的发展，如果说媒介技术在信息交流上让地球成为村落，那交通技术就是在相对距离上让面对面的交流更加方便。在以前以轮船、火车为国家之间主要交通工具的时期，距离比赛地比较远的国家的运动员可能需要花上几个月的时间到达举办地。1932年中国首次参加奥运会（第十届，洛杉矶），当时中国代表团就一名运动员，就是我国短跑名将刘长春，他经历了25天的长途跋涉，最终到达洛杉矶。这样的旅途经历对运动员来说是一种折磨，对于想要去举办地观看比赛的观众来说就更望而却步了。但是时至今日，由于交通技术的发展，我国在2016年里约奥运会上派出了711人的庞大代表团，其中运动员416人，共参加了210个小项的比赛。奥林匹克的最初理想就是有更多的人参与进来，现在随着世界的发展和技术的支持，广泛的参与成为可能，目前是人数上有了质的飞跃，今后的参与在高技术的支持下向着更加深入的介入、更加人性化的体验方面发展。

众所周知，我国成功完成了第二十九届夏季奥运会的承办任务，在该届奥运会上提出了"科技奥运"的理念，从理念层面上强调了科技对于奥林匹克运动的支持是至关重要的。现代的奥林匹克运动已不是古希腊时期的小小城邦部落之间的竞技会，已成为世界上关注人数最多的社会文化活动，奥林匹克运动的每一个细节都需要技术的支持和参与，从身体的训练说起，包括参赛运动员的专业化训练、竞技水平的监控与测量、运动后的恢复、训练器材的使用、运动员的补给等；从奥林匹克文化传播说开来，包含了奥运场馆的建设、点燃圣火仪式、赛事的媒介传播等。同时为了能够确保奥林匹克运动的顺利进行，气象技术、交通技术、安保需要的信息技术等也都是不可缺少的。

每种不同样态的技术都对奥林匹克运动的发展起到了重要的作用。奥林匹克运动是技术的重要领域，奥林匹克运动根据自己的特点和需求不断对技术提出新的方向和目标，让技术的使用有了用武之地。技术已经成为奥林匹克运动的依托，正是在技术的不断推动下，奥林匹克运动正在向着自己的目标前进，让人类向着"更快、更高、更强"的口号所奋进。

第二节 奥林匹克运动中的身体属性

奥林匹克运动的核心是身体活动，是围绕身体竞技而构建出的人类文化活动。奥林匹克主义是对奥林匹克运动进行指导的思想，《奥林匹克宪章》中是这样描述的："奥林匹克运动是增强体质、意志和精神并使之全面均衡发展的一种人生哲学。奥林匹克运动谋求体育运动与文化和教育相融合，创造一种以奋斗为乐、发挥良好榜样的教育作用并尊重基本公德原则为基础的生活方式。"[17] 人的生理的身体构成了奥林匹克运动的内核,其项目发展是在身体的自然属性的基础之上完成的,也就是运动的发展要符合人身体的自然规律。同时,奥林匹克运动本质上又是一场身体的竞技,因此其竞技属性构成了使奥林匹克运动技术参与其中的一大动力,也是吸引全球人陶醉于此的重要原因。另外,奥林匹克运动是具有完备的社会建制的体育活动,其社会文化属性具有独特的特征和社会功能,是任何其他社会文化所不能替代的。

(一)身体的自然属性

身体的自然属性是人身体的物质结构和组成,包括身体的肌肉、骨骼以及神经系统、供能系统等。身体是指经过自然进化而形成的有机体,身体的自然属性和基本功能构成了体育运动的基础。身体的自然属性决定了体育运动的发展规律。

1. 身体的生理维度

生理代表着生物机体的机能,即整个生物体及其各个部分所表现的各种生命活动。奥林匹克运动的本质就是在人的身体活动的基础之上产生的一种竞技运动。奥林匹克运动归根结底是人身体的活动,要遵循人身体的活动规律。对于身体在体育中的理解,学者持两种看法:一种是把体育行为看作人类追求嬉戏的动物本能的展现形式,即"人的自然化";一种是把体育行为看作某种基于社会理性的实践形式,即"自然的人化"。如果按照梅洛-庞蒂的思路,体育行为其实也是一种开放性的结构形式,它因受环境的制约,表现为"人的自然化",又因可反作用于环境,而表现为"自然的人化",这其实是一个"手牵手"相互促进的过程[169]。落实到具体的身体运动环节,身体还要受到骨骼肌肉、神经系统、能量供应系统等物质性身体的限制。例如人最基本的活动走、跑、跳也都是通过神经系统的传导以及骨骼肌的收缩而产生的,而奥林匹克运动的竞技,就是在人的基本运动单位上,更加追求效率,是人正常身体活动的升级。在感觉和知觉更基础的层面上,身体的各个器官、组织、系统也构成了人运动的最基本单位。生理的身体是区别于梅洛-庞蒂的身体的,更加接近物质性的身体。生理的身体在物质性的基础上还具有生态学的属性,具有生物意义上的恢复功能。正是生理身体的这个特点，使身体能够适应不同强度的负荷强度，并产生适应性，这是在生理意义上人为什么在经过训练后成绩能够提高的原因。但身体毕竟是身体，它是有一定限度的，当运动强度和负荷超过身体所能承受的范围，人们的身体就会出现问题，运动损伤、疲劳的积累等现象就表现出来了，在奥林匹克运动中对于损伤的预防和疲劳的消除是训练的重点和难点。而当运动负荷适度、刺激强度恰当的时候，人的身体就能够达到一种流畅状态并能够迸发出更多的能量，从而取得更好的成绩。

2. 身心合一的身体

通过对人生理身体的研究，对身体的结构和规律有了了解，也形成了一系列的专门的学科，目前体育科学的研究中的身体还是一种笛卡儿式的身心分离的身体，是一种二元划分的分类，笛卡儿把身体视为器官的集合体，把身体作为一种客体的研究对象，忽视了身体与心灵的整体性。但是随着对身体的深入研究，后现代研究中出现了身体的转向，身体由无心变成了具有能动性、身心统一的身体。这个身体的转向也对奥林匹克运动中的身体产生了一些影响。

生理科学的研究对于奥林匹克运动的发展也起到了积极的促进作用，但是身体和心灵的这种分离也确实在一定程度上影响了奥林匹克运动的进一步发展。奥林匹克运动和其他人类活动一样，是一个多维的复杂系统，而现在这种机械的、单一的研究生理的身体是不能够完全体现奥林匹克运动的。只有把身体和心灵融为一个整体并纳入到具体的情景中，才能让奥林匹克运动生生不息。单纯分析身体的生理生化指标抑或测量人的心理的某个维度，可以在某方面上对身体有所了解，但是身体是一个复杂的系统，仅仅依靠某几项指标是很难说明白的。就像奥林匹克运动本身一样，无论什么样的身体检测或是心理测量都无法判断出谁将取得冠军。比赛的结果不仅要看运动员的身体指标和心理状态，更要看比赛具体情境下的发挥及其他因素的影响，就像看比赛一样，不到最后一刻，没有人能够知道到底谁是冠军，比如足球、篮球比赛中的绝杀，拳击比赛中的"致命一击"以及田径比赛中的最后超越，这也正是奥林匹克运动的魅力所在。前苏联的训练学家对影响比赛的因素做了不完全的统计,影响比赛结果的因素能够达到五十多种。身心合一的身体为对奥林匹克运动项目的全面了解和探究提供了理论上的可能。就像康德的墓志铭上说的那样:"有两种东西,我对它们的思考越是深沉和持久,它们在我心灵中唤起的惊奇和敬畏就会越历久弥新,一个是头上浩瀚的星空,另一个就是我们心中的道德律。"对于人来说对于身体以及心灵的思考和研究是没有尽头的。

首先,身体具有整体性和关系性。如果说笛卡儿的身体是机械的、一维的,生理的身体是刻板的、无心的,那么梅洛-庞蒂则认为身体是有生命、有灵性的。梅洛-庞蒂一向被认为是身体理论从二元论到非二元论转化过程中所绕不开的代表人物。梅洛-庞蒂认为:身体的灵性首先体现为身体本身的整体性、关系性与可逆性,即身体本身的"间性"。身体的各部分以及视觉、听觉、触觉等各个方面相互渗透、相互包蕴,千变万化地改变自身[170]。梅洛-庞蒂意义上的身体更强调身体各感觉的联合统一,强调身体的整体性,强调身体通过感觉、知觉积极融入世界之中。身心统一的另一个隐藏的基础条件是身心所处的环境,身体只有在具体的情景中才有意义。梅洛-庞蒂提出了"身体性"这个概念,这个概念是一个整体的概念,不仅仅指可见和可触摸的身体,也包括意识和心灵,甚至包括身体置身其中的环境。按照"身体性"的表述,心灵与身体、主体与世界都不是分离的,它们在每一个存在的瞬间都相互作用。梅洛-庞蒂对身体是一种"身—心—世界"三重蕴含结构的理解。梅洛-庞蒂意义上的身体不是自为的客体,它实际上是"一个自发的力量综合、一个身体空间性、一个身体整体和一个身体意向性,这样它就根本不再像传统的思想学派认为的那样是一个科学对象"[105]。这种意义上的身体,由于人们所处的情景不同而产生不同的意义。由于各自的处境,不可能构造一个使两个意识得以沟通的共同处境,每个人都根据自己的主体背景投射这个"唯一的"世界[108]。这也为多元情景的存在做了脚注。通常情况下,不同的视角、位置和境遇,以及自我意识的不同,决定了不同情境中的人拥有不同的体验和认识。不同的社会形态、迥异的文化背景、不同的地域和阶级中,人们对于同一件事件的理解可能完全不同。这也是后现代科学所倡导的多元情景的研究，这也将导致身体的研究方向向着社会、文化等领域的转向。不同文化背景下的奥林匹克运动中的身体将变得可塑性更强。这样的身体也必将给体育科学研究以更广泛的研究空间，同时也拓宽了体育科学领域的研究视角。

其次，身心的相互作用促进了运动成绩的提高。虽然身心二分学说对于人类的进步起到了举足轻重的作用，但是它同样也面临一个矛盾和困境。虽然说心灵和身体两种实体之间可以没有什么实在的联系，可是它们之间的协调一致却是不能否认的。比如，人的自然的本性，如疼痛、饥饿等，会让我们意识到我有一个身体。这种感受将身心紧密结合在一起。这种关联在奥林匹克运动中尤为突出，在运动训练过程中要注重身体技术的训练、体能的训练以及心理的训练，但是好的教练员一定要清楚三者之间的关系，好的体能和技术指导能够对运动员的自信心起到强大的支撑作用。而好的心理训练，能够让身体技术和体能有更好的输送渠道，合理地运用到比赛中，而不是做过多的无用消耗。单纯谈某一项都是不完全的，只有把这三者统一协调起来才是成功的训练。因此，奥林匹克运动中的自然的身体，绝对不只是一个生理维度的身体，而应该是一个身体、心灵以及在具体情景下综合的身体，在某种意义上来说奥林匹克运动中的自然的身体和梅洛-庞蒂意义上的"身体性"非常接近。

3. 置于科学研究对象的身体

体育科学是针对运动态的身体[24]进行研究而形成的一种研究范式，其包括运动生理学、运动解剖学、运动医学、运动生物力学、运动生物化学等学科。正是为了全面了解运动中身体的规律，以研究运动态的身体，体育科学应运而生，体育科学最早是一个交叉学科，依托于医学、生理学，确切地说是它们中的一小部分，但是随着奥林匹克运动的快速发展，人们对于身体的运动规律、运动健康、运动康复等方面要求越来越高，体育科学目前已经形成了自己独特的研究领域和研究范式。

自然的身体决定了体育运动的极限。奥林匹克运动的口号"更快、更高、更强"体现了一种追求卓越、追求极限的精神，但是人的极限到底在哪里？极限又是由什么决定的呢？这些是人们一直苦苦思索的问题。以在奥林匹克运动中最具有代表性的100米跑来说，1912年斯德哥尔摩奥运会上，美国短跑选手多纳德·里平科特在100米预赛中跑出了10秒6的成绩，这一成绩被国际田联批准为100米跑的首个正式的世界纪录。当时就人类到底能够跑多快进行预测，普遍认为人类的百米极限是10秒，但是随着时间的推移，到2009年，人类的百米纪录被博尔特的9秒58所刷新。人们开始又一次对人类到底能跑多快进行推论，这次的预测结果是百米极限是8秒86。但不管怎样，人类追求极限的脚步没有停止过，但人类的极限到底是受到什么影响呢？最根本的影响因素还是人的身体限制。

奥林匹克运动是一项崇尚身体的活动，在竞技场上人们充分施展自己的身体技能；同时奥林匹克运动也是一项崇尚精神的活动，人们在竞技运动中追求自己对于公平、和平等人类价值的向往。但往往精神层面的追求都是通过身体的外显表现来体现的，奥林匹克历史上无数激动人心的场面也都是以身体的表现形式来显现的，这种显现体现在克服千辛万苦、付出不懈的努力而取得的运动成绩的突破以及对于自身及对手的超越。但是身体在人们的传统观念中却又是被低估和忽略的，几乎所有人都认为奥林匹克运动员是世界上最强壮的群体，但是在人们的观念里却又对奥林匹克运动员有另外一种印象，"四肢发达，头脑简单"等描述都是针对这些运动员的。所有这些观念和想法都是由人们身体观念而来的。

从古希腊先哲到笛卡儿，人们对于身体就是这样理解的，笛卡儿在普遍怀疑之后找到"我思故我在"这个阿基米德点，其基本主张是"严格来说我只是一个在思维的东西，也就是说，一个精神，一个理智，或者一个理性"。在他看来，人和动物的身体都是机器，是受物理定律支配的，可以排除在人的本性之外。人之为人的根本，在他看来，在于有一个心灵，即一个以思维为其属性的实体，"思维是属于我的一个属性，只有它不能跟我分开"[171]。从笛卡儿对身体的这种思想上可以看出：他对身体的态度是消极的。

运动生理学是生理学的分支，运动生理学研究人体在体育活动和运动训练影响下结构和机能的变化，研究人体在运动过程中机能变化的规律，以及形成和发展运动技能的生理学规律，探讨人体运动能力发展和完善的生理学机理，论证并确立各种科学的训练制度和训练方法。从概念上可以看出运动生理学就是研究运动态身体的一门学问。而运动生理学的上级学科——生理学正是在笛卡儿的"反射"概念以及哈维的"血液循环"等理论的基础上形成的，它就是把人的身体作为研究对象，通过解剖、实验等方法对人体进行研究。

时至今日，体育科学已经开始摆脱依附于其他学科的尴尬地位，正在逐渐形成自己的研究范式，在《体育科学》和《北京体育大学学报》等体育领域的核心期刊中，出现了一系列关于体育科学研究方法及范式的文章[172-178]。这些学科都是建立在对生理身体的研究基础之上的，其实质是通过一些科学的手段和方法对运动身体的不同指标的测量和评价。也正是有了这些学科对身体的研究，让奥林匹克运动更加具有观赏性，吸引了越来越多的人参与其中。但生理的身体终究是肉身，和机器是相区别的，它需要限度，而不是不断地被"促逼"和"座架"，需要在一个合理的范围之内去锻炼和展示。但生理的身体终究是身体和心灵相分离的，这种身体只能机械地分析人的运动和行为，现在的研究还是单一的、线性的。但是我们会发现在现代奥林匹克运动中，身体已经不是简单的、单一的身体，而是复杂的具有后现代特性的身体。我们更应该把身体放在具体的情景中去研究，这样才能对奥林匹克运动有一个更加全面的认识。

（二）身体的竞技属性

在人类色彩斑斓的文化园地里，竞技是最为瑰丽耀眼的花朵之一。本书的竞技指的是一种具有规则性、竞争性及挑战性、娱乐性和不确定性的身体（身体性）活动[179]，泛指竞技运动。在竞技运动中充满了各种神奇的矛盾：竞争与协作，严肃与幽默，高雅与粗俗，运动与静止，抗衡与友谊，爱与恨，善与恶，乃至生与死等，它给人们带来欢乐、健康与笑声，也带来激情、热望与振奋。当然，有时也给人们带来痛苦、烦恼和灾祸。竞技如同一股洪流，把社会的每一个成员都裹挟进去，让他们尽情地宣泄、享受、排遣，并从中得到教育和发展。同时它又把社会调遣和鼓动起来，给社会涂上一层光焰夺目的色彩，使我们所生活的这个星球更充满生机和活力，也更充满人情味和使命感[180]。竞技的基础单元是身体的对抗，是身体在一定的空间范围内，在特定的规则下进行的，是一种对身体的认同和对平等的追求。身体是竞技的主体，这是不容忽视的事实，同时竞技也对身体具有唤醒的意义，曾经的身体是沉睡的，不被人们所重视的，是竞技让身体摆脱了战争的惊恐、焦虑和紧张不安，身体因为竞技成为了快乐之本。

1. 身体是竞技的尺度

竞技是人类研究的一个重要领域，著名人类学家 G. P. Moudock 在其研究中，从数以百计的社会文化资料中进行抽样，发现人类共有 60 余种文化要素，竞技排在了前 20 位，说明竞技在人类的研究中的重要性。竞争是竞技的动因，竞争是世界上大多数生物所共有的属性，但是竞技却是人类所独有的。马克思说过："人类的直立行走和制造工具标志着人称之为人。"这里提到两个关键点，直立行走和使用双手，一个是人身体形态的质变，一个是人双手的使用。我国著名体育社会学家卢元镇先生对竞技的本质做了如下的概括：竞技是非生产性的身体活动，是介于劳动工作和游戏玩耍之间的一种文化形式；有以公平竞争为核心的竞赛规则、裁判与仲裁手段等制度化的体系；有特定的竞技环境；以及产生社会价值的竞赛活动。从上述对竞技本质的归纳可以看出，身体是竞技的本源，一切针对竞技的物质基础、制度规则和文化价值都是对身体的构建，是为了更好地展示身体的力量、速度和美，展示一种接近人类理想的身体。

吉布森的可供性理论提出了身体尺度、动作尺度的概念。可供性内涵的协调具身性的度，不是抽象的物理尺度，是人与环境长期进化形成的，动物可直接感知的可供性。古希腊哲学家普罗泰戈拉说过："人是万物的尺度，是存在事物的尺度，也是不存在事物的尺度。"虽说这句话的人和本书所指的身体有些不同，但是在竞技领域中，如果把这句话中的人换成身体是完全成立的。竞技运动，从场地的设置到规则的制定都蕴含着尺度，竞技就是对身体能力的丈量。竞技运动的发展，是依照身体的比对进行的。在很大程度上，竞技运动被认为是一种自然的身体活动[181]，身体构成了竞技运动的最为引人注目的符号和物质内核[77]。因此身体是竞技运动不可忽视的标尺。在竞技中所凸显的身体性不仅仅体现在可视的层面上，如快速的奔跑、跳跃，肌肉线条的牵张、拉伸，动作完成的协调顺畅等；更在隐性的层级上与社会的各个因素相结合，凸显了一种针对身体的审美情趣、价值取向，乃至社会分层对身体的影响[182]。可以说，身体在竞技中的尺度体现是多层次也是复杂的，既有个体层面的，也有社会层面的。从身体的个体层面上来说，竞技项目的区别之处是由身体的运动方式和身体的运动目的所决定的。只要是拥有相似程度的身体活动性——身体运动方式、身体竞技性、身体运动目的的具体体现，便可以认为是体育运动的某种形式，将这种判定的方式扩大至社会历史各个阶段，具有相似身体活动性和身体竞技方式的身体活动都被归于竞技运动这一范畴之中。从这个角度上来说，古代竞技和现代竞技是一脉相承的，古希腊时期的角斗和搏击与现代拳击、UFC 等具有很强的相似性，只是现代竞技在规则、场地上更具有规范性。从社会层面上来说，身体的尺度就更具有一定人的意义，身体竞技的社会尺度体现在身体观念、身体的权利以及身体价值等方面。竞技的主体是人的身体，身体成为竞技的标尺，衡量着竞技运动的各个维度，个人与社会、美与丑、成功与失败等。竞技运动越是发展，身体尺度在其中就越显现，这与下文中的身体意识的唤醒有着直接的关系。

2. 身体竞技属性的形成

在古希腊时期，竞技的产生与仪式相关。在节庆、宗教、葬礼等活动中，竞技是一个重要的环节，人们通过身体在竞技表演中的展示和对抗来与神接近，从而达到祭拜众神的目的。仪式还有一个非常重要的意义就是，让人们遗忘战争对人造成的苦难、焦虑和不安，让人们身体得到彻底的放松和发泄，人们带着愉悦的心情去参加竞技、观赏竞技，沉浸其中。因为不再受到死亡的恐惧以及其他外在因素的影响，而使身体变得更有力量、速度更快、更加坚韧。古希腊人正是由于这种竞技的展示，形成了其自信的身体观。古希腊人从来不认为他们的身体见不得人，或者为了讨好神明，便不重视自己的身体。因为希腊的神明，也很注重自己的仪表，他们也参加赛跑、参加游泳比赛、参加驾驭烈马的比赛[183]。在这里，远古以来对身体的神秘感逐渐消失，身体可以坦露在阳光下，公民可以和神明一样去追求属于自己的快乐和幸福。古希腊人的身体观与同时期其他地域民族的公民有了明显的不同，与同时期的东方以长衣裹身、羽扇纶巾的形象形成了鲜明的对比。可以说这种身体意识的差异，部分原因是由竞技对身体观念的影响造成的。到了文艺复兴时期，艺术让身体以竞技的姿态展现在了人们面前，让人们膜拜和向往，其代表为《掷铁饼》等一系列雕塑的出现。让人们更加意识到普通人也可以像希腊众神一样健硕、健美。

身体竞技属性的形成是一个循序渐进的过程，竞技在其中起到了一定的作用。到了近现代，竞技的身体观也经历了从一体化到多元化，从现代到后现代，从共性到个性的转变。在现代体育诞生之前的一个阶段，竞技运动是达到军事目的的重要手段。因为人们要想在战场上有出色的表现或者保住自己的性命，出色的身体条件是必不可少的。竞技运动正好契合这一目标，因此当时德国等一些欧洲国家开始进行大规模的军事体育锻炼，让身体通过竞技能够适应战场上艰苦的条件。这时的身体意识还处于一种集体意识中，目的单一、动作单一、身体着装单一。以中国的体育发展为例，在新中国成立后的一段时间里，我国的体育运动以学校、工厂等开展的体育运动为主，其形式主要为团体操、军事化训练等。其目标是以身体动作的整齐划一，表达思想上的统一。这时人们具有一定的身体意识，但是此时的身体意识还是淡薄的和不明确的，是一种身体的整体意识。

随着全球化的发展，竞技运动的范围也从地方走向世界，从单一走向多元，竞技运动的项目设置更加丰富，从身体对抗类项目（足球、篮球、拳击）到竞技表现类项目（跳水）的再到挑战自然类项目，应有尽有。这时人们的身体意识更加清醒和明晰。人们开始追求自己喜欢的竞技运动，开始追求更加丰富多彩的造型。

身体的竞技属性的形成不是一蹴而就的，需要长时间的积累并受到多因素的影响，其中竞技运动是激发身体意识觉醒的重要因素。古希腊时期的竞技运动对身体的表现是自然的、纯正的，没有矫揉造作，更不是色情淫秽，运动员不以裸体为羞耻，他们所表现的是人的"天然之性",是古希腊人对身体理想追求的一种共同行为。这种行为根植于希腊人把竞技运动作为一项制度的"教化"过程中,具有浓厚的人本主义精神[184]。到了中世纪,人们对于竞技运动的压制,也直接导致身体被"包裹"起来甚至人为地蒙上了各种各样羞耻的印记,尼采、福柯等人的理论试图冲破传统以摆脱身体沉默无语的历史,恢复身体的本来面貌,把身体的"天然之性"归还于人[105]。今天,丰富多彩的运动项目以及琳琅满目的身体展示,竞技运动中的身体对人们造成了前所未有的从视觉到精神上的冲击。乔丹、费德勒、刘翔等一大批在竞技运动中有杰出表现的运动员,他们代表了高超的身体技能,健康、匀称、活力四射的身体。为欣赏与参与竞技运动的人们,对自己身体的塑造和建构提供了榜样和目标。

3. 竞技中理想的身体

在哲学概念中,"身体"是与"精神"相对的概念。在奥林匹克运动中有着对奥林匹克精神的倡导,以及"更快、更高、更强"的口号。但是什么才是竞技运动中理想的身体呢?可以说答案是多样的,这与人们对于身体的理解和身体的可塑性有很大的关联。身体是容易受到外界因素影响而产生变化的。克里斯·希林在其著作中认为:"身体是缺乏限定的,从历史上看,哲学一向赋予身体一大堆负面内涵,这就使当代的理论家们有了相当大的运作空间,赋予身体在理论上富有收益的正面意义。"如果让人们去界定竞技运动中理想的身体是怎样的,可能有很多不同的方面,但是从中抽象出的几个关键词可能是"健康""积极""强壮""速度""力量""舒展"等一些跟美有关的词。但是也应该注意的是,竞技中的身体在不同的文化中以及不同的历史时期也有不同。而且当身体被其他因素包围的时候,可能对理想中的身体就更加模糊了。身体与社会之间会发生相互作用,尽管人们的身体能力和倾向并不完全由社会决定,但是社会情境对身体有着深切的影响,也决定着人对身体的态度。肉身实在论把身体与社会之间的关系视为社会学的核心研究主题,其核心就是认为世界在本体意义上即有层次之别。这种分层世界观主张,身体与社会都作为实在的东西存在,不能被消解为话语,自有其具备因果生成力的属性[128]。这就意味着必须把身体理解为在一定程度上是社会层面的解构的定位场所，身体的美的维度也部分由社会因素所决定。文化对身体的构建也是竞技运动中理想身体的重要因素，可以说不同的文化孕育了不同的竞技运动，古老的东方文化发展出了武术、瑜伽、龙舟等竞技项目，西方发展出了拳击、球类、户外运动等项目，而不同的项目又有不同的身体能力、身体形态上的要求，例如东方文化发展出来的竞技运动要求人的身体轻、灵、快、柔；而西方文化发展出来的竞技项目讲究对抗，在身体能力方面更强调身体的力量、碰撞和绝对速度。但是到了近现代，另一个影响理想身体的重要因素出现了，那就是技术，技术让竞技运动有了质的发展，增加了竞技运动的深度和广度。在这个由技术支持的竞技运动中，身体也受到了技术的包装，人们开始穿上不同品牌的运动服装、运动装备，这成为了区别于其他项目的点，也为理想身体的丰富多彩提供了物质上的可能。

综上所述，在竞技运动中理想的身体是由多重因素建构出的身体，由于文化、社会、技术等因素的不同，而会有不同的结果，要想找到所有人的竞技运动中的理想身体是不可能的，身体理论已经指出：身体是多维的。因此，竞技运动中理想身体也应该是仁者见仁智者见智的，应结合多种因素来进行具体分析。

（三）身体的社会与文化属性

社会的身体是社会对身体的构建，奥林匹克运动中社会的身体，是身体在奥林匹克运动中所体现出来的一种社会文化的形态。在社会学研究领域中，人们身体的感觉全部已经包含在有社会文化代码的感知中，因此它是不能完全独立的。从一种文化到另一种文化，从一个社会团体到另一个社会团体，行动者各自用不同的方式调动自己的感官来感知世界[185]。奥林匹克运动不仅是一种体育运动，更是一种文化活动[186]。现代奥林匹克运动从诞生之日起，就规定了："奥林匹克要面向全世界；全世界范围内相关运动竞赛有统一的技术标准；准许不同政治制度、经济发展、文化背景的国家加入奥运会。"[187]奥林匹克运动会是一个人类文化交流的平台，每四年一届的奥林匹克运动会吸引了世界各地、不同文化的参与者。奥林匹克运动给各民族文化一个交流融合的机会，使各民族文化彼此吸取营养成分，得到快速的丰富和发展[188]。奥林匹克运动是人类重要的社会文化活动，其活动的主体又是人的身体。美国哲学家约翰逊（Mark Johnson）注重理性、想象与意义中的身体基础，认为身体在认知过程中起着关键作用，身体决定了认知的视角和可能的限度[189]。

在奥林匹克运动会的开幕式和竞赛过程中，不同肤色、不同服饰的运动员欢聚一堂。在这个过程中人们充分展示自己的身体，这个身体不只是简单的肉体，是一个具有多维属性的身体，有自然的身体，同时也包含文化、政治、经济的身体。人类的身体构成与生理属性十分相关，同时身体在参与社会活动中所获得的身体倾向与习性，对既有社会结构的竞争活力也是十分重要的。社会的身体构成了奥林匹克运动的社会源泉，同时社会的身体也成为了奥林匹克运动的定位场所，一方面奥林匹克运动的社会因素中都能找到身体的影子，而另一方面奥林匹克运动也对在其中的身体进行了社会的侵浸。

1. 奥林匹克运动的社会来源

身体社会的兴起是与生活世界的理论和实践分不开的。赫伊津哈的经典研究《游戏的人》中提出，具身性的游戏潜能构成了运动之源泉，而由于它会创造各种规范与规则，也成为更广泛的社会层面上诸种形式的创造性生成因素。游戏让人们从特定角度来看如何度过生命———一种并非始终受必需支配的生命，并使人们能够塑造一些关系，可以对体育运动和社会生活中的变化作出如实反应，努力维持或有所预见[190]。因此，当赫伊津哈提出罗马社会"没有竞技就无法生活"，而中世纪生活的经纬之间也还是"充斥着游戏"，他其实是在主张，身体作为运动之源泉与社会结构之源泉是非常重要的。身体不仅是奥林匹克运动的始基，同时也是奥林匹克运动所形成社会结构的源泉。奥林匹克运动是人类重要的文化活动，从奥林匹克运动的前身即体育的起源追溯过来，最早的体育起源于人们的狩猎行为，人们在追逐、狩猎的过程中，形成了体育的早期样态，投石、射箭、奔跑等，人们发现练习这些身体能力，能够使他们在狩猎的过程中更容易捕捉到猎物。因此，人们把这些人身体的运动特点抽象和总结出来，进行练习，成为了今天体育的早期形式[191]。卢卡斯（Lucas）就提出，历史上第一项体育运动就是投矛[193]，卡什莫尔（Cashmore）则认为："生物进化预先规定了人们重新尝试狩猎与采集生活方式，在农耕活动提供食物之前，这种生活方式曾在两百多万年时间里支配着人类的生活。"[194]正是因为如此，体育运动的身体形式主要为模拟追逐、模仿狩猎、复制争斗、模拟杀戮等。人类共同体在历史上一向需要捍卫自身、防御攻击，这也是被用来说明体育运动起源的根本要素。伯利（Birley）认为："人通过与困难阻碍抑或是其他人身体和智力上的对抗，能够帮助人们主导自己的身体，为迎接更严重的遭遇和困难做准备。"[195]而布拉施（Brasch）运用了"自然的运动"这个词，指出体育运动来源于各社会群体之间暴力对抗的竞技游戏[196]。从上面一些学者的观点可以看出，人的身体与体育运动之间存在的可能关系。就像布迪厄明确提出的那样："身体处在社会之中，但社会世界也处在身体之中。"[197]身体与社会是相互支撑、相互影响的。行动者的身体既受到社会的形塑和限制，同时又积极主动地再生产着社会。

众所周知，奥林匹克运动具有完善的运行机制和组织原则，拥有大量的社会受众和社会群体的支持，具有悠久历史并具有自治化过程。这些特点印证了奥林匹克运动具有一个大的社会场域，个人的身体可以进入其中进行竞争并形成自己的规则和尺度，在这个大的文化场域中人们所尊崇和信奉的规则或是约定就形成了该社会场域的文化，这种文化的形成与人的身体是不可分割的。奥林匹克运动的社会源泉正是发生在人文化的身体的基础之上的。如果说社会对于身体的形塑抑或说是管理是一种身体的文化进程，那文化的身体就是接受这种身体改造和形塑的基本因素，正是因为身体有这种文化属性，才有被文化形塑的可能。奥林匹克运动会的举办，具有很强的仪式感，这与古代的"巫术"相近似，人们承认这种例行仪式、服装和行动，这种承认很大程度上与梅洛-庞蒂意义上的身体间性有关系，更重要的一点是人们身体中蕴含着这种文化属性。人类文化身体的释放，使人类越来越自由，宗教以及意识形态方面的界定、规训和控制的权威性就相应变得越来越弱。这是现代化、世俗化进一步深化的结果。奥林匹克运动的文化发展过程是奥林匹克文化与文化身体的融合和统一的过程。

当代社会中的身体体验建立在这样的一种假定的基础上，即认为身体的外表和内部是易于重构或合并的。但随着科学技术的发展以及大众文化的兴起，自然与社会之间的界限变得模糊。身体的可变性、延展性得以充分体现。身体不再被理解为固定不变的本质，身体所经历的变化不再被看作完全依赖于自然生理进程。身体成为生活方式的附属品，可以被雕刻、被形成和被效仿的东西。身体不再承担固有的特定功能，而是变成不断调整的自我。自然构成的被绝对限制的身体概念逐渐萎缩，身体已经从一个生物学事实变成一种"工程"和一种"表现"。

2. 奥林匹克运动的身体社会定位

奥林匹克运动是一种披着现代性外衣的原始游戏，是建立在自由人个体参与基础上的服从规则的比赛。这些比赛借助了多种科技因素，但是它不还原为后者，它本质上仍然是自然人的自然展示，或者说它依然坚持这样做。赫伊津哈针对游戏和文化的关系做过这样的论断："游戏就是文化、就是文明。"虽然赫伊津哈对游戏的归纳有些泛游戏论的倾向，认为人类所有的活动都具有游戏本质，但是游戏的这种重要性却是不言而喻的。奥林匹克运动与游戏有很多相似的地方，也可以说奥林匹克运动是游戏在规则、制度上的升级，奥林匹克运动相对游戏规则更加严谨，要求也更多。但奥林匹克运动依然强调人类自然个体通过肉体展示、表演来比赛。它是游戏，但不是一般的游戏。不同时代的奥林匹克文化的寓意不同，其中文化的身体的内涵也有区别。在封建时代和资本主义工业时代，身体受财产和所有制的限制，并无自由。在后工业时代，身体变得与社会的经济和政治结构相分离。大体说来，人们强调的重点不再是生产领域的辛勤劳作，以及消费领域的节衣缩食。相反，社会休闲时间越来越长，人们可支配的时间和资本也越来越多，这时的身体就更加向往自由。在这种大的背景下，奥林匹克运动的发展也更加蓬勃和深入人心。但也是在这种大的背景下，商业资本、消费文化对奥林匹克运动产生了极其浓厚的兴趣，奥林匹克运动中的身体成为了一块令人垂涎欲滴的"肥肉"。这种资本和消费文化的侵入对奥林匹克运动起到了巨大的推动作用。奥林匹克运动中的身体代表了健康、强壮、美丽、性感、积极向上等形象，是人们向往中的理想的身体，这正是资本和商品所看重和需要的，它们需要奥林匹克运动中的身体来为自己做代言做定位，让自己的产品与运动员身体结合，让人们产生我需要、我要成为的"欲望的身体"。这正如特纳所言，人们目前对身体的迷恋与从"劳动的身体"到"欲望的身体"的转化有关。欲望的身体因而成为了消费的符号，成为社会意义和符号的载体[117]。因此到了现代，奥林匹克运动成为了资本的定位场所。由于每种奥林匹克运动的起源和受众群体不同，各种不同的资本也会选择不同的运动项目进行融合。例如，网球运动起源于法国、英国的贵族阶层，该项目具有很强的贵族气息，在四大满贯的温布尔顿网球公开赛中，即使是现在也要求运动员必须要穿纯白色带领子的运动服装，而观众也都是西服革履进行观赛。像网球这种运动项目的赞助商，一般也都是和其气质相符的品牌，例如劳力士、奔驰汽车、巴黎航空等国际大品牌。

所有这些的发生也都与奥林匹克运动所喊出的口号"更快、更高、更强"一样，奥林匹克运动也一直是这样做的，这也导致了奥林匹克运动理性化的进程，因为只有理性化才能让奥林匹克运动中的身体更加追求极致和卓越。这也导致了奥林匹克运动中的身体尺度变得更加严苛和严格，运动员只有不断训练来促逼身体达到极限，以满足要求。而理性化的大规模进程也改变了奥林匹克运动的进程，同样也使得奥林匹克运动中的身体更容易被各种主义所利用，以证明其自身群体的优越性。目前，针对奥林匹克运动的理性化进程，奥林匹克运动中的身体也受到了前所未有的定位，克里斯·希林在其著作中认为，运动态身体的过去定位而产生的异化归纳为：运动的理性化、广告宣传、被损坏的身体以及化学药品强化的身体[128]。这些只是部分，更深层次的奥林匹克运动中身体的性别关系、身份的确认等问题也是需要关注并解决的。

3. 身体是"铭刻"文化的载体

身体的感知对人在语言方面的形成有着必然的联系，据此身体

第三章 奥林匹克运动中的技术与身体

及其感受的形成是受到文化的影响的。也就是说文化"铭刻"着身体。布迪厄指出,"惯习"是一种身体化的文化资本,既是"被结构的结构",又是"能生成结构的结构",这样他就同时强调了身体的主观性和客观性,并能够认识到身体在文化意义上的局限性。如果关注吉布森的知觉方式立场就会看到,运动中观察就是他的认识论核心,那么,对于动觉,他显然是默认而不予阐释的,他阐释的是身体在动觉的整合中的观察方式(探测、走动、摇头、眼动、不变项提取)和观察外部世界的内容(事件—可供性—不变项)。显然,吉布森的视角是以多知觉整合伴有的身体动作解释世界。所谓多知觉整合,意味着伴有视觉、触觉、肌肉觉、声觉等,它们的整合为知觉行为提供情态基础。动觉与单个知觉的不同在于,整合知觉是一种默默的并即时起作用的本体与环境情态。所谓动,是历时性的,动的基础是情态即时发挥作用,为下一步的情态知觉提供基础,每一个下一步的情态知觉都历经了一个知觉的默默整合——声音、方位来源、支撑感、在空间中的穿越感的整合。

身体语言还有另一个重要功能,即用身体度量外部世界,因此可供性理论提出身体尺度、动作尺度的概念。可供性内涵的协调具身性的度,不是抽象的物理尺度,是人与环境长期进化形成的,动物可直接感知的可供性。比如,运动技能的习得过程,优秀运动员能够在极其复杂的情况(足球比赛中多人夹击防守、网球比赛高速奔跑中的救球、跳水比赛中短时间内完成复杂的动作)下,根据自己的身体情况以及比赛中不同的情景来完成动作,使身体和情景完美融合,做到动作协调、效果明显、美轮美奂,根据可供性理论作出解释:这是优秀运动员能够准确地应用自己的身体尺度对比赛或运动情景进行丈量。而同样的情况对于初学者来说就是另一番模样。是否通过这个例子可以判断初学者对于比赛或者练习中的可供性的感知能力是低下的,是需要通过不断地练习和模拟来提高的。

本节对奥林匹克运动中的身体自然、社会与文化属性进行了论述,这三种属性也代表了奥林匹克运动的不同方面。身体的自然属性是奥林匹克运动的始基,也是体育科学得以建立的根本,正是在人们对于生理身体的研究基础之上,才有了奥林匹克运动的长足发展，才能够接近人类"更快、更高、更强"的口号。而身体的社会和文化属性，着重强调的是奥林匹克运动的社会起源和定位，正是身体的这种文化属性才有了奥林匹克文化的源远流长，乃至近现代奥林匹克运动与商业资本融合的可能。其实在讨论这两种身体属性的过程中，我们发现，这些身体属性之间有着一种必然的张力，这种张力由技术与身体的双向互动过程来贯穿。

第三节 奥林匹克运动中身体与技术的关系

奥林匹克运动中身体与技术的关系，从身体与技术的互动来看，大致分为四层，即：运动的身体即为技术；身体与器物的契合；身体尺度与技术规则的相互制约；身体展示与观念传播的促进。这四个层面从身体的自然到社会，从技术由内及外逐层展开。

（一）身体技术在奥林匹克运动中的主体作用

技术是人的主体性觉醒的必然保证。而身体的技术性是技术产生的来源，技术哲学家拉普指出："人类根据自己的身体而生产出了工具，例如人们根据拳头制造出了锤子。"身体本身具有技术的属性，因此才有了技术对于身体的建构。随着现代技术的发展，人控制身体的能力也在不断发展，身体的任何部位几乎都可以通过技术的方式进行改变。

在奥林匹克运动会中，技术对于身体的影响也是非常明显的，从运动员完成技术动作的身体本身，到所使用的器材以及场地等处处显示着技术的支持。小到整容、植发、假牙假肢的使用，大到器官移植、基因技术，技术对身体的侵入越来越多。在现代奥林匹克运动中，成绩的提高很大一部分要归功于技术对于身体间接或者直接的作用。在所有的技术与身体的关系中，最本原的就是人的身体具有的有机技术——身体技术，尽管身体技术在现代科学技术知识的帮助下被不断地开发出来，它仍然来自人的自然身体。

奥林匹克运动中身体的运动本身就具有技术的属性，身体的这种技术属性决定了身体技术成为奥林匹克运动的主体。海德格尔在《技术的追问》中援引了前人对技术的回答，即"技术是一种合目的的工具"和"技术是人的行为",技术的本质是一种解蔽的方式[197]。回归到奥林匹克运动中人的身体活动就是符合这些要素,奥林匹克运动的基础是身体的活动,身体的不同动作样态构成了奥林匹克运动各个项目。奥林匹克运动是一种特殊的身体活动,它是身体在非常态下的一种竞技。人们在特定的环境中、特殊的规则范围内进行比拼。人们在奥林匹克运动中的身体活动,是有目的和追求效率的,这时的身体活动是为了取胜或者超越而作出的动作反应,这种身体的动作是一种最优化选择,是建立在长期的实践和训练的基础之上的。

美国著名学者 Kore 和 Samore 根据肌肉参与运动技能的数量以及其在运动中的连贯程度和外部对于身体的刺激程度等,将运动机能分成了三个维度,分别为:小肌肉群和大肌肉群、连贯和不连贯的以及开放环路式和封闭环路式[197]。参与运动技能的肌肉群大小可以作为一种动作技能分类的特征。我们通常谈到的基本动作技能——行走、跳跃、投掷等都属于典型的大肌肉群运动,小肌肉群的运动技能操作的分类应该在分类连续区间与大肌肉群动作技能端相对应的另外一个端点上。运动技能是一种对身体的程序化操作。人们通过运用和掌握各种内容丰富、形式多样的运动技能,来对自己的身体进行展示、比拼和竞技,从而形成了奥林匹克运动。

身体的运动构成了运动技能的基础,身体的形态、身高、体重、关节灵敏度等构成了运动技能的物理基础,身体的代谢水平、供能系统、神经系统等构成了运动技能的生化基础。运动是指身体、头部以及特定肢体或肢体联合的行为特征[199]。也就是说,身体的运动是运动技能和动作的构成元素。运动技能具有指向目标、操作的不确定性以及身体的运动等三个特征。指向目标是指运动技能的操作目标,有时也称为动作目标(action goal);操作的不确定性,是指运动机能是在特定的情境下完成的动作,动作达到的效果或者成功与否,取决于具体的场景;身体的运动是指运动技能需要身体、头部或肢体的运动来实现任务目标,这一特征尤为重要,因为这是运动技能区别于人类其他技能的基础。身体的运动构成了运动技能的基础,抑或运动技能就是身体的运动。

（二）身体与器物契合促进技能的升华

自然身体是器物的使用者，也是器物的服务对象。现代奥林匹克运动离不开身体，也离不开各种器械、场地等技术物对于身体的保护和助力。正是在技术的支持下，奥林匹克的运动项目变得越来越多样，表现水平也越来越高。如阿那克萨戈拉"人是一种技术性存在"的认识。他认为，在体力和敏捷上人比不上野兽，但人能使用自己的经验、记忆、智慧和技术，从而又超越于野兽超越自己[200]。正是在技术物的帮助下，人可以飞得更高、跑得更快、跳得更远，让人们以前的不能变成了可能。技术为人类的梦想插上了翅膀，在这个过程中人类也对世界有了更深入的认识。

在奥林匹克运动中，身体与技术物的契合是非常普遍的，因为所有的体育项目都不是凭借人的单纯的身体进行比拼的，不同的项目会用到不同的器材。这些器材与身体的契合程度决定了运动技能的发挥和水平。在网球项目的发展中，网球拍的改进促进了网球运动的发展。众所周知，在最初的网球运动中，网球拍是木质的球拍，比较重也比较容易变形，而且打球时冲击力很大，让人们很难控制。但是随着材料技术的进步，现代的网球拍，让运动员能够打得更快、更准确地击球，同时也让初学网球的人更快地掌握动作要领。

身体与器物的契合，反映了人与工具（技术物）的关系。人类发展的早期，全凭人身体具有的有机技术，当人类发明了工具，这种无机技术就与人的有机技术结合起来，当无机技术与有机技术完全融合时，无机技术隐而不见了，如长期戴眼镜的人意识不到眼镜的存在，只有当眼镜出了故障，才能意识到它的存在。在奥林匹克运动中，身体与器物的契合，是借助了技术物的工具属性来扩展人的运动技能。技术物为运动员跑得更快、跳得更远、跳得更高提供了支持，也让身体残疾的人看到了像正常人一样运动的希望，南非残疾人运动员奥斯卡·皮斯托瑞斯利用高科技制造的"J"形刀锋假肢曾在国际田联 400 米比赛中取得过第六的好成绩，这个成绩是一般正常人通过专业训练也很难达到的，这里技术物所内含的科技因素在成绩中占了很大的比重。

伊德认为技术物通过放大和缩小某些特征，来达到让人们认识世界的目的。从这个层面来讲，技术拓宽了对外在世界和身体自身的认知。在奥林匹克领域技术物对于身体正是符合了伊德的理论。外在于身体的世界是第一自然，那人类的身体就是第二自然，奥林匹克运动对于人们身体的开发和潜能挖掘正是依靠技术来完成的。但是奥林匹克运动属于人类的社会文化活动，其公平竞争的精神要求运动员依靠自身的能力和在平等的条件下进行比赛，这就规定了在奥林匹克运动中技术的应用是受到奥林匹克运动自身的伦理限制的。也就是奥林匹克运动中技术的应用不能无限制地对身体进行提升，而只能是一种辅助的手段。

（三）身体的尺度与技术规则相互制约

奥林匹克运动是人之身体的运动，又是一种人的社会文化活动，其活动的规则和标准是受到身体尺度和技术规则制约的。奥林匹克运动中的技术是受到某种规则限制的，只能成为运动员的一种辅助工具，不可能成为奥林匹克运动的主体。这种限制是人的身体的尺度限制，这种尺度是人的生物属性、人的社会属性所规定着的。普罗泰格拉提出："人是万物的尺度。"身体的尺度和技术规则构成了奥林匹克运动的规则基础，身体尺度规定了技术规则的应用限度，而技术规则也为身体尺度提供了丈量的场所。

技术规则是从游戏规则演变而来的。体育比赛本质上就是一种游戏，比赛的技术规则都是约定俗成的，但也遵循着科学的原则。技术规则是一种社会技术，一切可以让我们认知与使用任何事物的指导内容，都是该事物的"游戏规则"。比如：说明书、事物的特性、原理、原则、各地的风俗、守则、道德，甚至法律以至所谓"道"……无不是现实中的"游戏规则"。人的社会化的过程就是要学会遵守规则。

身体的尺度与技术规则的相互制约，也体现了生物学规则与社会规则制约。如跳远是最古老的体育竞技项目之一，在古代奥林匹克运动的"五项运动"中就包含跳远。根据国际田径联合会的记录，男子跳远的世界纪录为美国籍的迈克·鲍威尔于1991年8月30日在东京所创下的8.95米（当时为顺风0.3米）。女子跳远的世界纪录为俄罗斯籍的 Galina Chistyakova 于1988年6月11日在列宁格勒所创下的 7.52 米（当时为顺风 1.4 米）。跳远的纪录极限确实被不断打破，但是按现有的比赛规则，任何人也不可能跳得像袋鼠那么远，这是由人腿的尺度、形态和肌肉能力决定的，这就是身体尺度限制。跳远的规则还规定，起跳时脚不可超越踏板。因此决定跳远距离的还有一个关键的因素是如何能够正好踩到起跳板上。即使起跳时离踏板很远，测量时仍然从踏板测起。因此，跳远的技术规则与人的身体尺度两个方面都决定了跳远的纪录和运动员的技能训练方向，起跳技能中包含踏板技能，运动员要反复训练，才能在比赛中取得好成绩，人的技能就在生物规则与社会规则的相互制约中被塑造。

奥林匹克运动中追求的极限是在身体尺度应允的前提下的极限。人之身体不是机器，不能任由技术规则控制和要求，但是人们又有着对于身体极限的渴望，因此身体尺度和技术规则的相互制约，是奥林匹克运动发展过程中必不可少的。没有技术规则的要求，人们向往更高更快更强的梦想就不会实现，而没有身体尺度的丈量，奥林匹克运动必将成为无源之水无本之木。

（四）身体展示与观念传播的相互促进

奥林匹克运动的身体展示主要包括身体运动之美、身体技能之巧、身体协作之协调。奥林匹克运动之美体现在身体的展示方面，正是奥林匹克运动中健美的身体，让世界上越来越多的人接受和喜欢上这项运动。人们在奥林匹克运动中能够找到对于身体的肯定、认同、信赖和期待。顾拜旦是现代奥林匹克运动的倡导者和复兴者，他肯定身体，欣赏和赞美运动员在要求"更快、更高、更强"过程中所表现出的强力勇敢和高贵品质。顾拜旦所复兴的奥林匹克运动，为人类身体的挺立创造了绝佳的舞台[68]。而正是这种对于身体观念的传播，让奥林匹克运动成为了目前人类最宏大的社会文化活动。

奥林匹克运动身体技能之巧体现在身体的展示方面，传播了一种身心健康的观念和人类身体智慧。如中国乒乓球队、中国女排已经成为国人心中爱国主义的代表，他们的顽强拼搏和高超的技艺受到人们的追捧。奥林匹克运动身体协作之协调体现在身体的展示方面，则传播了一种集体的合作精神，许多集体体育项目需要多种身体技能特长的人合作才能完成。如足球运动的前锋、后腰、守门员各有其技术特长。各个位置的运动员技术的要求也不同，但最终都是要求他们能够积极配合到一起，取得比赛的胜利。身体的展示不仅代表了身体的自然属性，更代表了身体的竞技属性。正是身体的竞技让身体迸发出了更加吸引人的美，让人们能够为更加追求自己的极限而努力，激发一种积极向上的精神。

身体展示的需求要求奥林匹克运动文化观念传播的广度，而这种观念的传播也依赖着奥林匹克运动的发展。观念的传播依靠媒介技术的发展，不同的传播媒介为奥林匹克运动带来多元的价值，表现在不同的媒介带来了奥林匹克文化传播的叙事方式，跨越了奥林匹克运动的认同边界，引领了奥林匹克运动传播的场景美学[135]。正是奥林匹克运动中身体展示的多样性，吸引了更多人参与其中，也促进了奥林匹克运动的观念传播。而奥林匹克运动观念传播也让更多的人能够看到、听到、感受到奥林匹克运动中身体的健与美。二者相互促进的实质是奥林匹克运动发展的重要动力因素。奥林匹克运动形成了一个复杂的社会结构，从运动员到裁判员再到各个项目的管理者和推广者，这些参与者有着不同的社会位置，每种社会位置都内含着某种社会职能，可称为"社会角色"。每种社会角色都要依据一套行为准则，可称为"社会规范"。奥林匹克运动中的参与者都要在这种社会建制下进行角色定位，这些都是由身体的社会属性所决定的。提到奥林匹克运动，会有一种符号化的印象，认为奥林匹克运动代表着公平竞争、超越极限，奥林匹克运动中的身体代表了健康、积极、充满力量的身体。这些奥林匹克运动的符号化就是身体的文化属性所决定的。

总之，随着技术的发展，技术对于人类身体的影响越来越大，甚至有侵入、重构并愈益支配身体的趋势。这就使得身体的有机属性的空间和功能安排有可能改变，以符合社会的结构，甚至挑战了有关何为身体、何为拥有一副身体的传统观念。在奥林匹克运动中身体也同样面临着这样的技术挑战，在奥林匹克运动中的理想身体应该是一个纯粹的肉身没有任何其他因素辅助的身体，但是这种身体只能存在理想层面，如果现代奥林匹克运动还是像古希腊时期一样，人们赤裸身体进行肉搏，那该项运动将变得索然无味失去其发展动力和方向。但是技术对于身体的作用也确实凸显了一些问题，例如一些化学药品的应用、人体增强技术、人工智能、高科技的应用等。针对这些问题在思考辩论基础之上，应该梳理出奥林匹克运动会中身体与技术的关系并适当地引入伦理、道德的批判来对出现的这些问题进行审视和考量，而不能单纯地远离技术或是无限制地使用技术。下一章将通过对奥林匹克运动中技术化所引起的身体技术的进化，揭示奥林匹克技术化的身体困境，逐步引出身体伦理在奥林匹克运动中对技术和身体审视的重要性。

第四章

奥林匹克运动技术化的两种演化形态

从技术的角度，身体是人第一个也是最自然的工具，或者不要说成是工具，是人的第一个也是最自然的技术对象，同时也是技术手段[201]。身体技术是人之最根本技术，走路、吃饭、睡眠等都可以纳入身体技术的范畴，是人们通过后天的学习和训练所习得的，不是与生俱来的。但这些身体技术是日常的生存技术，有别于奥林匹克运动中的技术对身体的建构。

随着技术对社会的影响越来越深入，奥林匹克运动中的技术化也日益强化。一方面，技术融入身体自然技能的速度加快，表现为身体的自然属性要求技术与之匹配，技术最大化地满足着身体的竞技属性，出现了技术异化的倾向；另一方面，奥林匹克运动作为一个在规则范围内进行的体育活动，体育规则在持续不断地规训着运动员身体的同时，人们对身体认识的深化也推动了体育规则的变化，这也是一个双边互动的过程[202]。同时，身体的社会属性不仅要求运用新的媒介技术手段扩展理想身体和奥林匹克观念的影响，还对身体的技术化提出一些约束。

通过剖析奥林匹克运动技术的演化过程，发现在技术和身体层面表现为"身体技术化"和"技术身体化"两个重要的形态。技术身体化和身体技术化是技术发展的两个方向，一个走向技术，一个走向身体；一个代表着"理性"，一个代表着"感性"。本章将重点分析两种演化形态的表现形式和特征，为解决技术化过程中出现的矛盾提供思考的路径。

奥林匹克运动中的技术与身体问题

第一节 奥林匹克运动的身体技术化

奥林匹克运动技术化是奥林匹克运动发展过程中技术与身体互相建构的过程，其身体实质是奥林匹克运动按照技术的要求和规则进行发展的过程，也是技术对于奥林匹克运动中的身体进行影响和改造的过程，即奥林匹克运动中技术与身体的双向契合，在其中运用或使用的技术不仅仅来源于人的身体，还具有向着身体发展、内化于身体的趋势。人的身体是技术的使用者也是体验者，在奥林匹克运动中这种体验更明显。奥林匹克运动虽然是自然人的身体竞争，技术的选择和使用都是根据人身体的需要来制定的，但是，奥林匹克运动是一种技术化的身体在竞争，利用技术化的身体来创造成绩的运动，这也引起了技术理性的巨大兴趣。因此，本节将主要讨论身体的技术化的主要表现形式和特征。

（一）奥林匹克运动身体技术化的表现形式

奥林匹克运动中身体的技术化，是在奥林匹克运动中的身体被技术所构建的过程。技术和身体看似两个不相关的概念和领域，但是在奥林匹克运动中却是一对矛盾。在体育领域，身体的规律活动就可以称为技术，这是其中一个方面。另一个重要的方面是，随着技术的不断升级，在人的社会领域，技术应用的广度越来越广。这也就使得技术与身体之间的关系变得更加密切。技术开始不断地向身体靠近，并开始内化于身体，原本身体与技术之间的界限，也因为相互之间的互动，而变得模糊，不好界定。

1. 强化身体竞争性的技术化

运动员在竞技比赛中的表现是体育比赛的精彩之处，运动员通过高难度的身体技术和对抗来争取好的名次。这些精彩的表现与运动员数年如一日的刻苦训练以及技术的大力支持分不开。在奥林匹克运动技术化过程中，身体表现是技术支持的首要任务，从运动员到科技研发人员都要着力把运动员最好的状态发挥在关键的比赛中，因此各种相应的训练手段与方法，训练的监控与评价甚至是生物层面的手段都是为了运动员的身体表现。兴奋剂、人体增强技术就成为了提高身体表现的产物，虽然它们都是奥林匹克运动明令禁止的，但是它们对于竞赛中身体的表现是具有非常明显的效果的。

由于技术发展的限制，技术在古代奥林匹克运动中的地位和对其影响是微乎其微的。此时的奥林匹克运动主要强调主体的感觉体验，不是某种简单的结果。例如，奥林匹克运动的宗旨是通过在世界范围内加强对青年的教育，而促进团结、友谊、交流和理解及公平竞争理想的实现来促进世界的和平，显然这些过程都是一些主体主观感觉体验的过程。古代奥林匹克运动，是主要以身体技术为主要竞技手段来比拼取得胜利的。当时的身体技术是比较单一和纯粹的、完全由人自己可控的身体来完成的动作组合和技巧。但是当技术的力量不断进入到奥林匹克运动中，这种身体的平衡被打破了。单纯的身体和拥有技术支持的身体相比，就显得虚弱很多。人们正是看到了技术的这种力量，才开始借助技术来提高自己的身体能力和表现，并取得了显著的成果。就像海德格尔提出的"座架"（Gestell）一样，在揭示技术对象时，人经常要冒着被卷入技术旋涡中去的风险。当人们热情地肯定或激烈地否定技术或者是把技术仅仅看作达到某种目的的中性手段的时候，人们并未搞清楚技术的本质。现代技术向自然界提出挑战，这种立场与从前的保护自然的态度截然相反。对现代人来说，自然力只是一种可任意处置的资源，一种不变的储备，通过技术来为我们服务[136]。当身体与技术结合之后，技术为身体带来了前所未有的力量，但是也带来困惑。因为奥林匹克运动是一种披着现代性外衣的原始游戏，它和人类的生产实践活动有着本质的区别。奥林匹克运动是建立在自由人个体参与基础上的服从规则的比赛。这些比赛借助了多种科技因素，但是它不还原为后者，它本质上仍然是自然人的自然展示[203]。

2. 强化身体符号性的技术化

奥林匹克运动中身体的符号价值，是指人们对于奥林匹克运动身体本身价值之外的附加意义的追求。奥林匹克运动的符号化倾向，也就是人们在参与奥林匹克运动时，忽略了奥林匹克运动中身体的真正价值，而被其表象所吸引，有舍本逐末之意。消费主义的盛行导致了作为符号（sign）的身体的产生，当代消费主义把身体看作愉悦、欲望和游戏性的场域，身体的符号寓意得以凸显[204]。身体成为了社会意义和符号的载体[205]。

经济学里面有一个经典的"理性经济人假设"，即：作为一个决策的主体，人是非常精于计算和判断的理智的个体，我们追求自身利益最大化，追求资源的合理配置。但是现实中，人们往往做不到这一点，人们总是感性的甚至是冲动的，人们在选择商品时，往往被这件物品的附加价值所吸引而忽略了商品本身的实用价值，因为某个属性而购买了对自己没有实用价值的东西，即物的实用价值（亚里士多德"是其所是"）被忽视，物的象征意义（身价、地位）被重视[206]。奥林匹克运动中的技术身体化也具有符号化的倾向。往往在欣赏一场体育比赛时，更多的是看到了这场体育比赛中的漂亮的服装、性感的身体、帅气的面孔等。装饰技术的身体化，使外在的技术也融入了具有独特身材的运动员气质中，技术也确实加深了这种符号化的倾向性。对于成功的运动员，很多时候人们更多地关注他们的外表，不是运动成绩；甚至比赛成绩不那么突出的运动员，如果具备了"天使面孔"和"魔鬼身材"，也会成为万众瞩目的明星。必须承认，一些运动员不是因为击败了对手而是因为比对手性感而获得了巨大的成功[207]。运动员承担的商业广告的业务并不比演员少，就是一个证明。

人们追求奥林匹克运动身体在人类文化中呈现出两类符号系统：一种是科学式的意识符号系统；一种是审美式的身体符号系统[208]。技术确实为人们参与奥林匹克运动带来了更多的选择，具体技术让奥林匹克运动的项目越来越丰满、丰富；技术让人们参与奥林匹克运动的形式更加多样，可以亲身参与到不同的项目中；也可身临其境地通过传统媒介、新媒介等手段参与。但是我们参与其中的目的是什么，这时我们就要回过头来反思奥林匹克到底想让人们得到什么或是体验到什么，它是一种什么精神的代表。

目前高科技在奥林匹克运动中已成为不可或缺的重要元素，从运动员的服装到运动员使用的器材，运动员在训练中使用的仪器，以及运动员保持健康或治疗伤病的方法和手段等，都渗透着高科技。这些科技让运动员更加炫酷，让体育项目更加具有吸引力。运动员

第四章 奥林匹克运动技术化的两种演化形态

因为其健美的身材、英俊的脸庞成为人们追捧的对象,各大品牌争相寻找优秀运动员作代言。但是大家在追捧这些优秀运动员的时候,更应该理解他们所参加项目的特征以及背后的文化。众所周知,体育运动是人们重要的社会文化活动,不同的体育项目有不同的社会阶层受众,例如网球、高尔夫球、马术、击剑等项目属于高雅运动,是在欧洲的皇室、贵族阶层发展起来的,这些项目培养的是具有贵族气质和优雅气质的人,从对身体的要求来看,从言谈、服装到仪式都有严格的要求和限制,这些体育项目强调的是技能,存在对抗,没有身体接触,所有这些都是非暴力活动的要素。需要注意的是,这些体育项目的另一个特点是容易受到受过良好教育和经济条件好的参与者们的青睐。体育运动的交流在这些竞争中体现了一种高度文明的社会交流的态度,限制任何身体和语言的暴力、对身体的混乱运用(叫喊、不规矩的动作等)尤其是对手之间任何形式的直接身体接触[209]。每种不同的体育项目都有自己的范式。其实反观奥林匹克运动,它是人类社会重要的社会文化活动,人们更应该注重人文精神的学习和榜样作用,如果忽略人文作用,而突出其工具属性,就是对奥林匹克运动的误读。

(二)奥林匹克运动身体技术化的特征

随着技术在奥林匹克运动中应用得越来越广泛,其技术化的进程也越来越快。奥林匹克运动技术化的实质是技术与身体的双向构建,这种构建造成了技术化的过程具有一定的身体特征。奥林匹克运动技术化的身体特征,是奥林匹克运动的技术与身体相结合所产生的一种新的身体表现形式,随着技术的不断嵌入,身体一定会发生一些相应的变化,这些变化表现出来就是身体的特征,也就是人从自然身体向技术身体过渡的表现。具体体现为工具化特征、技术整合化特征、身体异质性特征。

1. 身体技术化的工具特征

当身体技术化成为必然,身体技术的这种工具属性也将显露无疑。奥林匹克运动中的身体早已成为技术的定位场所。这种定位由奥林匹克运动的身体竞技性和技术的理性所决定,奥林匹克运动中的身体就有较强的理性化特征,无论是在过程之中,还是比赛的结果环节,都可以用技术的方法和手段来测量和评定即通过数据的方法来实现科学的认识过程[210],例如足球、篮球、排球、网球、田径、游泳等项目的成绩测定。奥林匹克运动的这种竞技特征,正好符合技术理性的需求,促成了技术理性与奥林匹克运动的契合。由于技术在人类生活世界中起到越来越大的作用,人们对于技术理性的依赖,以及对技术给予了无限的信任,技术超越了人类生产活动的范畴,发展成为整个社会的坚定信念。就像H.谢尔斯基提出的"技术国家"一样,科学技术的命令代替了政治行动,国家与技术结合起来形成了"技术国家",在人类的决策中起支配作用的是技术数据,专家和政治家只相信技术数据。这在奥林匹克运动中也是一样,"胜者为王,败者寇"的思想一直都是运动竞技者所推崇的。奥林匹克运动与技术的契合,让奥林匹克运动更加精彩和追求卓越,也让技术规则成为了奥林匹克运动中的不二法则,成为奥林匹克运动追求"更快、更高、更强"口号的坚实基础。

客观主义把工具属性划分为:功能性、应用性和数据化描述方式。古希腊哲学家亚里士多德将人的双手看作"角"、"矛"或者其他的工具,而恩斯特·卡普(Eenst Kapp)将技术解释为人体器官的投影。这些观点都是把工具与身体的器官相比较,认为二者之间具有一定的关联性,工具模仿着人的身体,工具也作为身体模仿行为的结果具有了工具性[211]。身体是人们"在世"存在的基础。身体在实践中本身获得的能力,是身体经验形成的重要组成部分。莫斯指出"身体是人的第一个,也是最自然的工具"[140]。明确地指出了身体作为工具性存在的事实。身体在人类的不同职业中都显现出了其工具的属性。在奥林匹克运动中这种显现更加如此,因为奥林匹克运动就是依靠运动的身体的表现来判断成绩的。在竞技运动中,人们崇尚胜者,"胜者为王,败者寇"这种思想在奥林匹克运动中体现得尤为明显。

随着现代技术的高速发展,当现代技术与身体的这种工具属性结合时,身体的这种工具属性变得愈加明显。诚然,现代技术的发展,为身体提供了更好的医疗条件,更多的放松、休闲的时间,看似身体得到了更多的解放,但其实质是技术对于身体的禁锢却越来越深。工具理性的核心价值观就是技术崇拜，以技术的发展为准绳。技术化工具性嵌入到技术化身体的身体审美之中，人们往往置身于众多的身体意象的包围中而不知所措，不知如何塑造自身，造成审美选择的焦虑和纠结。

古代奥林匹克运动与现代奥林匹克运动从规模上到项目上都有很大的不同，现代奥林匹克运动已经成为一种具有完备组织和制度的社会活动，甚至成为了一种职业。当人们把奥林匹克运动当成一种职业的时候，身体就成为了他赖以生存的工具。随着这种奥林匹克运动的职业化和专业化，想要取得比赛的胜利变得越来越难，人们只有不断追求身体的极限，通过日复一日的训练来刺激自己的身体，完善自己的技术，才有可能达到自己的目标。在这个过程中，人们对于自己的身体是苛刻的。但是在物质技术加上理性思维的强势影响下，奥运会已经完全演变成一场人类展示自我能力的"超级秀场"，现代工业技术充斥在奥运会的每一个角落，人类最为原始的自然身体也被层层包装，奥运会上比拼的意义已经不再是一种神灵对人的选拔，而变成人类自我的选拔，理性的标准与理性的量化已经完全将这种比赛异化为一种工具技术包装下的身体机械式的竞技与对抗，甚至在某些时候人类已经不再和同类比赛，更像是与高新技术对抗[212]。例如拳击、散打、艺术体操等项目对体重有着严格的要求和限制，这些运动员有时就需要通过控制饮食摄入、汗蒸等手段来达到控制体重的目的，这些人们通过限制或控制身体的基本要求而达到某种目的都是身体工具属性的体现。

奥林匹克运动中的身体不仅代表着运动员个人，同时也代表着国家的荣誉。奥林匹克运动明确规定了，运动员必须通过自己国籍所在地的奥委会的推荐，才能参加奥运会。此时运动员的身体又成为了国家表现自己国家实力和水平的工具。具有代表性的是19世纪七八十年代的乒乓外交，两个大国通过一场乒乓球比赛，打开了外交的大门。除了代表个人和代表国家以外，运动员的身体也被其背后的利益集团所利用。这通过运动员的服装就能体现出来，除了国旗和奥运会标志之外，还有许多的商标，这些商标都是各种品牌通过赞助的方式争取到的。这时人们的身体又变成了商人进行广告代言的工具。

2. 身体异质性特征

奥林匹克运动身体技术化的异质性特征，强调的是技术化的身体所产生的功能和效果以及对外部世界的感知，已不再是由身体自身产生的，而是由身体和技术共同完成的，技术化的身体成为了身体与技术物的组合体。我们生活在一个被技术物所包围的生活世界，身体想要摆脱技术物的影响而单独存在是不可能的。技术化的身体就是打破二元论的融合物。这样一来，生活世界的认知和感受就不只是身体的事情，相应地也融入了某种类型的技术物。在我们的生活世界中，不再只是同质的人类身体参与认识实践，越来越多地融入了其他的异质性的认识主体，甚至在某些具体的实践活动中，人造的技术物发挥的作用超过人类身体的能力。在现代技术实践中，许多指定任务的完成已经不再是身体占主导地位，而是主要由身体与技术物的协调所完成。

在奥林匹克运动中，人们通过对自己身体的规训，来达到追求极限满足自我的目的，在其中身体不仅是主体，更是客体。奥林匹克运动技术化是奥林匹克运动发展到今天的直接结果，但是"化"作为一个过程，有好的、积极的一面，同时也有事与愿违的一面，我们不愿看到，但是却发生了，我们称为"异化"。异化来自拉丁文alienation，具有让渡、转让、分离、疏远、差异、精神错乱之义。异化的含义具有多义性和不明确性，一般是指在主体发展过程中，由于自身的活动而产生出自己的对立面（客体），而这个对立面又成为一种外在的异己力量转过来反对自身。

通过对奥林匹克运动中身体与技术契合的论述，可以发现，在现代社会中，人身体的界限变得不是那么清晰了，技术化的身体是否就是身体本身？如果不是，应该如何界定和区分？这都是对奥林匹克运动中技术应用和发展的必然思考，如果一味技术化，身体将何去何从，如果一味避免，也是不切实际的，因为我们已经走在了技术化的道路上，而不可能回头。因此，对于技术化身体的规约，为技术化的身体套上一个合适的缰绳将是非常必要的。这个规约和缰绳就是身体的伦理。

3. 技术的整合化特征

现在的奥林匹克运动技术,已经形成了一整套复杂而又完整的系统。曾经依靠"经验"和单纯的体能开发就能夺取冠军,现在是越来越难,现在的成绩取得更多要依靠生理学家、心理学家、营养学家、生物学家、材料学家、运动训练学家、发明创造家的共同努力,依靠科技的力量不断增加训练的科技含量,改进器材、设备,加强科学管理。科技在奥林匹克运动中已成为不可缺少的推动力。

奥林匹克运动中技术化的身体,是一个身体与技术组成的结合体,身体已经不再是本质性的存在物,而变成了相关性的关系存在物,是由技术化身体对生活世界的体验,这种体验来源于技术和身体共同融合作用[212]。"只要应用技术,也就同时被技术所应用。"[213] 这种相关性特征体现的是身体与技术的复合体对于外部世界的体验和感知。这既不同于单个身体的体验关系(身体—世界),也不同于单个技术物、人工智能与外部世界的关系(技术—世界),而是身体通过技术与身体的相关性来把握世界,此时身体与世界的关系性可以表示为:身体—技术—世界。

第二节 奥林匹克运动中技术身体化

奥林匹克运动中身体技术的进化体现在身体的技术化和技术的身体化这两个方面,二者是相对应的、双向互动的。技术的身体化是一种技术的发展向着人之本源"身体"的过程,这里的身体是一种"身""心"合一的身体,是一个代表整体性"人"的身体。身体是技术的来源,同时也是技术的服务对象,正是在技术的支持和帮助下,让我们更好地认识了身体、解放了身体。技术的身体化本质是技术的发展受到身体的影响而作出的改变。技术的身体化是一种技术的身体回归,如果一味地追求理性、效率,那奥林匹克运动就会像马尔库塞描述的那样成为单向度的。奥林匹克运动毕竟是人类的社会文化活动,文化和精神价值是其重要的前提和基础,如果失去这个前提和基础,那么奥林匹克运动和其他的竞技也就没有区别了。

（一）奥林匹克运动技术身体化的表现形式

1. 符合身体、融入身体的技术身体化

身体是技术的来源和根本，也是技术使用的主体。拉普在其著作中，认为技术就是人身体的外在投影，例如锤子就是根据人的拳头而来的。麦克卢汉也把媒介当作人的延伸。技术与身体的这种融合关系是可以肯定的。在奥林匹克运动中，技术与身体的这种融合性体现得更加明显。

在武术项目中，人们比喻精彩的武术表演经常用到的词是"天人合一""人剑合一"等，形容人们在练习武术的时候人的身体和周围的环境以及其使用的武器完美地融合到了一起。在心理学领域有一个词叫"共感"，共感是想象的基础，共感的基础是动作。也因为共感，所以可以共同想象。特别是对一些无法解释的现象的想象，使人类"能够传递一些根本不存在的事物的信息"。在中国传统的武术中，有一种拳法叫"形意拳"，形意拳主要以象形取意、内外合一、动静分明、刚柔并济为拳法特点，蕴含着丰富的古代哲理和道教、仿生学理论。形意拳以阴阳五行学说为拳学依据，其技法与套路以仿生学思想为基础，套路形式以风水方位学为特征。其中十二形拳是效仿十二种动物的动作特征而创编的实战技法，蛇形、马形、猴形、鹰形等。当人们在练习这些拳法的时候，想要达到一定的境界，一定要和所练习的动作产生共感，达到动作—共感—想象的统一。

身体作为奥林匹克运动的主体，技术的应用应该符合身体的要求，身体是衡量技术的标尺，比如，在竞技运动中，优秀的运动员能够在极其复杂的情况下（足球比赛中多人夹击防守、网球比赛高速奔跑中的救球、跳水比赛中短时间内完成复杂的动作）根据自己的身体情况以及比赛中不同的情景来完成动作，使身体和情景完美融合，做到动作协调、效果明显、美轮美奂，根据可供性理论作出解释：这是优秀运动员能够准确地应用自己的身体尺度对比赛或运动情景进行丈量。而同样的情况对于初学者来说就是另一番模样。是否通过这个例子可以假设初学者对于比赛或者练习中可供性的感知能力是低下的，是需要通过不断练习和模拟来提高的。还有一个

例子是天生的视觉缺陷者的认知模式,似乎"看"路成为不可能的行为。然而实际情况并不是这样。认知科学的解释是,盲人通过其他心理模块进行替代性工作。

2. 基于身体保护的技术身体化

奥林匹克运动技术化的这种形式是与身体表现相对应的,有好的身体表现就要有好的身体保护,它们是相辅相成的一对,好的身体保护是为了更好的身体表现。众所周知,奥林匹克运动是一项强竞技的项目,人的身体要在超人的情况下进行对抗,甚至在环境极端恶劣的情况下进行比赛。人身体的安全问题就是一个必然保证的问题。在具体的技术产品层面来说,体育用品中对身体起到保护作用的都是属于这种形式的技术。例如拳击运动中的头盔、牙套,足球运动中的护腿板等。

保护身体的技术化还体现在技术越来越体系化,任何一项成熟的体育项目都发展出一整套的技术,包括训练的保护设备、比赛的保护设备、场地的保护设备。例如在奥林匹克运动的拳击比赛中,运动员的头盔、牙套等都是由特殊的材料制成的,在保证比赛精彩性的同时,也保护了运动员。运动损伤是运动员体育生涯的最大威胁,运动损伤也是竞技运动所带来不可避免的问题,运动损伤的预防与恢复是职业运动员及其团队关心的大问题。随着医疗技术的发展,针对预防和治疗运动损伤的各项技术已比较完善。针对身体各部位的保护装备以及康复装备都在高技术的支持下应运而生。例如在观看网球比赛的过程中可能会关注到网球运动员的膝盖或者其他关节会有类似于绷带的东西进行缠绕,传统的绷带都是在运动部位有损伤的情况下才进行使用的,因为绷带会影响关节的灵活性,阻碍运动员的技术发挥。但是对关节能够起到稳定性以及提高肌肉表现的新材料弹力绷带(肌肉内效贴扎)的出现打破了这种观点,这种新型绷带能够在肌肉疲劳状态下对关节进行保护,也能通过不同的缠绕方式提高肌肉的表现,为运动员带来保护的同时,也让运动员的运动表现更加突出。我国网球运动员李娜在每次比赛和训练过程中都在膝盖和肩关节部位使用肌肉内效贴扎进行保护。

保护身体的技术化过程发展到了新的阶段,就是运用生物技术来保护身体。运动能力很大程度受控于基因的事实已为世人接受。近年随着基因技术对运动医学领域的渗透，国内外学者尝试着探讨与运动能力相关的基因技术。目前研究发现，与有氧运动能力相关的基因有 ACE、CKMM、ADRA 及 mtDNA 的 D-loop 和 MT-ND5 等；与肌肉力量相关的基因主要涉及 GDF8、CNTF 等。人们试图通过这些表型的基因标记或定位，来解决优秀运动员早期选材问题，并从分子水平解释人类运动能力的遗传生物学机制。早期选材对于那些不具备某方面运动能力的运动员起到了前期保护作用，因此是更科学的事先保护。

3. 基于身体修复的技术身体化

在奥林匹克运动中基于身体修复的技术形式一般是使身体恢复体能或是对于残疾人运动员的残缺肢体的弥补等。身体的生物属性规定了人具有新陈代谢的特性。但是在奥林匹克运动中大强度的训练会对身体的代谢产生影响，引起身体的疲劳，从而直接影响到身体在比赛中的表现。体育领域的运动训练学就是专门研究运动态身体新陈代谢规律的。而在残奥会上，运动员们对于这种形式的技术是非常依赖的，如代替运动员双腿的假肢以及轮椅等。

在运动损伤的治疗领域，人们应用局部基因治疗技术将正常基因的载体直接导入病变局部。它不用于全身的疾病而适用于局部性的疾病，如关节、肌肉、骨骼等损伤的治疗。它的研究建立在生长因子实验的基础上，各种生长因子生物学功能的研究为明确编码该因子基因的功能提供了十分重要的参考。这些技术的应用，打开了身体黑箱，让我们在分子层面上对身体有了更清楚的认知，并具有从此层面上改造身体的能力。

生物技术在奥林匹克运动中的应用，更多的是直接作用于身体，并且能够准确地解释运动与人体的关系。生物技术在让人们了解了体育运动对于人体各方面的变化及其规律方面起到了作用，并形成了相当的知识体系的积淀。比如，运动性疲劳机制是运动训练中制约身体机能恢复方法发展的重要因素，而神经分子生物学的应用将可能解开中枢疲劳的"黑箱"；又如，应用现代生物技术将使评定身体机能状态的指标趋于简单实用，使无创性方法评定身体机能成为

第四章 奥林匹克运动技术化的两种演化形态

可能；分子生物学技术的发展为肌肉力量训练的内分泌调节、核磁共振无损伤测定肌肉代谢、骨骼肌细微损伤及其应用、运动过程中肌细胞的血液供应等研究提供方法和手段。上述成果将更新运动训练的相关理论，可以肯定地说，现代生物科技的发展，在不断被体育生物科学注入活力的同时，也将极大地丰富和完善体育生物科学技术的学科体系。

（二）奥林匹克运动技术身体化的特征

奥林匹克运动中技术身体化的最重要特征是技术的涉身性，代表了技术与身体有机契合的典范，为技术化的发展提供了一个身体界限。同时，技术的身体化也趋于表面化，即符号化，代表了人们追求身体附加价值的文化倾向。

1. 涉身性特征

奥林匹克运动中技术身体化的涉身性是指，身体与技术的融合，技术已不只是身体的外延，已经成为体验身体的一部分，也就是技术内化于身体，技术已经能从一个外在的"他者"变成了就是身体的部分。在传统武术领域经常讲究"天人合一""人剑合一"，说的就是当你处在一种流畅或者是比较舒服的状态的时候，你感觉你所用之物和你的身体是一个整体。比如在网球比赛中，运动员不会特意去感觉球拍，因为球拍已经和他的体验相融合，只有当他的球拍出现状况和自己不相匹配时才能感觉到。也有人用眼镜的例子来证明技术的这种涉身性，当你的眼镜处在一种正常状态时，它和你的眼睛是一体的，你是感觉不到它的存在的，当它脏了或者坏了的时候，它对于使用者就现身了。当技术成为身体的一部分，人们的各种感觉器官便得到了延伸和拓展。原本在我们视觉、听觉、触觉能力之外的对象，借助技术物却变得如此容易。因此，涉身性是我们理解技术化身体的立足点。

网球拍是科技含量很高的一种体育器材，很多球拍制造商都很注重与优秀运动员的合作，他们通过优秀运动员的感受来对球拍进行改良，因为职业选手比普通的运动爱好者对击球的感觉和球拍的软硬程度更加敏感。优秀选手的反馈对球拍技术、材料、物理外观等方面改进都起到了积极的促进作用。各个品牌也在科技的应用上各有侧重。

1992年，Babolat发明了"球拍诊断中心"，这种技术可以在两分钟内"诊断"出球拍的各项技术指标：重量、控制、平衡、拍框柔韧性、穿线重量、线床的偏转，等等。这些技术直接服务于运动员挥拍的手感。1981年9月开始，Babolat公司建立了专门为职业选手穿线的竞赛分部，自此，Babolat竞赛分部的工程师们便开始在全球飞来飞去为职业选手穿线。这说明只有最具有涉身性的技术，才能真正融入运动员的身体技能之中。

2. 身体主导型特征

身体是技术的主导是奥林匹克运动技术化的一个显著特征，技术就是在身体的主导下发展起来的。技术来源于身体，又服务于身体，身体是技术的主人。技术的发展和进步的标尺是人的身体。一种好的技术，一定是适应身体且能够满足身体的某方面需要的。在奥林匹克运动中，技术的使用受到严格限制，只有那些不损害身体利益，并能够保证身体公平竞争的技术才能被允许。随着技术的不断发展和进步，围绕着奥林匹克运动中的身体的需求，一大批先进的技术开始应用。为了避免运动员在锻炼体能的过程中对膝盖造成损伤，悬浮态的跑步机、泳池跑步机都已经被发明了出来。针对不同运动的项目特点，不同的安全技术设施也在比赛中大量应用。在职业橄榄球的比赛中，激烈的冲撞是不可避免的，这也是橄榄球吸引人的地方，但是如何让这个项目不减少精彩性，又增加运动员的安全性，这对矛盾就是通过技术的手段来解决的。高科技防撞头盔的应用，让橄榄球运动员的头部得到了有效的保护。

围绕竞技中身体需要的恢复技术，也是奥林匹克运动中一个重要技术。随着奥林匹克运动职业化、专业化程度的加深，运动的理疗师和在比赛过程中的医师也都已经是专门化的。他们的背包里准备了应对各种可能出现的问题的装置，运动员身体一旦出现问题可以做到马上解决。

3. 人工性特征

技术身体化集中体现在身体技术的发展是技术融入身体的过程。身体技术由原始的生理身体技术进化发展到现代科学技术逐渐融入身体的进化。

从历史演进的角度来说，身体技术的自然进化是一个漫长的自然选择过程，经历几千年的演化，人通过直立行走来解放双手，是目前为止人身体技术自然进化的最突出点，之后人的身体形态等各个方面并没有太大的改变，这也决定了身体技术的自然进化是漫长的甚至是停滞的。人身体的这种自然属性决定了身体技术的进化，主要依靠人工性来完成，这种人工性就是身体的技术化。利用技术规则和技术物对身体的内化完成对身体技术的进化。技术可以让一个人身体的技术水平得到大幅度提升。因此人们依赖于这种人工性的身体技术提高，来达到提升自己身体技术水平的目的。这也就使技术内化于身体成为人的一种必然选择。

技术的身体化体现在技术来源于人的身体，并服务于人之身体。这在技术哲学奠基人E·卡普1877年出版的《技术哲学纲要》一书中就有已说明，卡普将技术发明解释为设想的物质体现，把技术活动看作人身体的"器官投影"（organ projection），在他看来，手是一切人造物的模式和一切工具的原型，因此他把锤子解释为紧握拳头的手臂仿造物[136]。阿诺德·伦格在其论文《技术时代的人》中对技术的人类学分析中也有同样的思想，他认为技术不过是人的生物素质不足造成的必然结果，适用的工具补偿了人体器官的缺陷。这两种对于技术的论点略有不同，一种认为技术是人身体的模仿，另一种认为技术是对于身体的补充。但是不管怎样，这两种观点都认同技术是来源于身体，并服务于身体的。在奥林匹克运动中，身体活动本身就是技术，技术在最简单的情况下，指的是可以研习的技能，如体育运动中的各项技术（滑冰技术、足球技术、网球技术等）。这是一个比较有趣的现象，在奥林匹克运动中，身体既是技术的主体又是技术的客体，身体通过技术来改造身体，这与其他的人类文化活动是相区别的。在奥林匹克运动中，身体是主体同时也是客体，人们通过对于身体的训练和刺激达到一种提升，是人们通过奥林匹克运动对身体改造的过程，在此过程中完成了人们对于身体的认知过程。随着技术对奥林匹克运动的影响越来越大，技术对奥林匹克运动中的身体的嵌入越来越多。奥林匹克运动本身就是人之身体的竞技，在这个过程中人们依靠身体的操作完成比拼。因此，技术对于身体的直接作用将对奥林匹克运动的结果产生巨大的影响。目前从奥林匹克运动中技术的应用来看，技术对于奥林匹克运动的身体的嵌入越演越烈，甚至会造成人的身体边界模糊的问题。

现代技术除具有作为技术的一般本质外，还具有与古代技术显然不同的新特质。海德格尔指出："在现代技术中起支配作用的解蔽乃是一种促逼，此种促逼向自然提出蛮横要求，要求自然提供本身能够被开采和贮藏的能量。"[214]海德格尔用"座架"一词来表达现代技术的这种促逼本质。在奥林匹克运动中，现代技术正在对身体做着同样的事情，为了达到追求极限的目的，不断地给身体以刺激，并且这还不满足，这种"促逼"甚至达到了可以改变身体本质的程度。这种趋势对奥林匹克运动的成绩推动，效果是显而易见的，但是当技术的具身化达到一定程度的时候，是否应该反思一下，这种追求极限的做法，是否与奥林匹克运动的初衷背道而驰了。

第五章

奥林匹克运动技术化的困境与身体归因

从古代奥林匹克运动的起源到现代奥林匹克运动的诞生和发展，经历了漫长的时期：从古希腊文明到黑暗的中世纪，从文艺复兴到第一、二次世界大战，从第一次科技革命到今天。在这个漫长的时期中，奥林匹克运动的发展从来没有像今天这样依赖技术。技术为奥林匹克运动带来了发展和辉煌，同时也带来了迷惑和不解之难题。竞争是奥林匹克运动的基本特征。Robert L. Simon 说："竞技运动中的竞争，其最基本的伦理内涵是，竞技的技能在知性的控制之下向着挑战的相互追求"[216]。他认为，竞争的双方不是相互敌对的而是与对手共同追求完善，因此，竞技运动竞争中的各种不正当的行为是与竞争的本质内涵相悖的。但是事实上，在竞技比赛中人们运用不正当的手段获取利益的事是经常发生的。随着现代技术的不断发展，这种不正当的手段也披上了高科技的外衣。

总之，就是在奥林匹克运动的发展过程中，出现了一些与技术有关的问题，例如技术带来的健康、公平竞争、人的主体性等问题，这也是近些年来在体育领域以及在技术哲学领域批判得比较多的问题。这些批判都是以人文、伦理、价值理性等作为视角的。其批判的基础是一种二元对立观点。其实，在技术建构身体的同时，身体也建构着技术，形成着技术，或者说，当技术建构身体时，身体就因为具有了技术能力而成为一种技术——身体技术，人就可以利用自己的身体技术去达到和实现自己的目的[154]。在奥林匹克运动中，人们正是依靠着身体技术来达到目的——竞技或争胜。本章从通过现代的人文视角对奥林匹克运动身体技术化的批判分析谈起，再深入剖析在后现代的视角下奥林匹克运动的技术身体化问题,从而引出奥林匹克运动技术化的身体问题的根源到底在哪里,以及身体回归的可能性在哪里——如何让技术的身体化来制约身体的技术化。

第一节 技术化未解决的历史难题

到目前为止,技术对奥林匹克运动产生了巨大的推动,但是时至今日,一些发展所带来的伦理难题还是一直存在着,甚至在科技外衣的包裹之下,变得更加隐蔽,对奥林匹克运动更加有威胁性。高科技在奥林匹克运动中的发展与应用,使得身体成为客体或主体的场域。摄影技术以及新的医学技术的发展,使得身体的传播、拆分和组合变得更加流行。分子生物学的发展,开启了人们对身体研究的新兴趣,在极端的生物决定论和还原论之外,人们逐渐意识到基因与文化之间,以及基因遗传和环境之间的相互作用。

(一) 高技术的滥用

科技让奥林匹克运动的梦想插上了翅膀,技术确实能在很大程度上提升人们的运动成绩和表现。但是有时这种提升是需要人们付出巨大代价的。生物技术、基因技术等高技术在奥林匹克运动中已经开始应用。但是技术不是中性的,是负载价值的。当我们把这些高技术应用在保护运动员的身体健康、运动损伤的恢复等方面时,这是对奥林匹克运动具有推动意义的。但是有时高技术就像是"潘多拉的魔盒",一旦打开,谁也不知道它会产生什么样的后果。一旦高技术被滥用,将对奥林匹克运动产生沉重的影响,甚至会对该项运动产生毁灭性的打击。众所周知"兴奋剂"已经从最早的简单的植物提取,通过技术手段的提升,变成了小剂量大药效。基因技术已经可以通过改变人的基因来让人达到"超人"的水平。这些高技术对奥林匹克运动的威力是巨大的。

"兴奋剂"的英文为"Dope",是从荷兰语"Dop"演变过来的。原义为"供赛马使用的一种鸦片麻醉混合剂"。由于运动员为提高成绩而最早服用的药物大多属于兴奋剂药物刺激剂类,所以尽管后来被禁用的其他类型药物并不都具有兴奋性(如利尿剂),甚至有的还具有抑制性（如 β-阻断剂），国际上对禁用药物仍习惯沿用兴奋剂的称谓。因此，如今通常所说的兴奋剂不再是单指那些起兴奋作用的药物，而实际上是对禁用药物的统称。兴奋剂给运动员的健康带了巨大的威胁，使用兴奋剂的危害主要来自激素类和刺激剂类的药物。特别令人担心的是，许多有害作用在数年之后才表现出来，而且即使是医生也分辨不出哪些运动员正处于危险期，哪些暂时还不会出问题。使用兴奋剂，将对人的生理、心理产生极大的危害，使服用者心力衰竭、激动狂躁，成年女性男性化，男子过早秃顶、前列腺炎、前列腺肥大，患糖尿病、心脏病等，严重损害人的身心健康。

人们使用"兴奋剂"的历史可以追溯到很久以前，在古希腊时期人们就有通过喝酒、吃一些植物叶子等方法来提高自己的兴奋性的行为，但是在早期的奥林匹克运动中兴奋剂是不被禁止的。据史料记载，在1904年的圣路易奥运会上，马拉松运动员希克斯就是在后半程体力不支的情况下服用了"兴奋剂"，坚持完成了比赛并取得了冠军。但是到了现代，"兴奋剂"已经不单单是那种天然植物叶子或从中提取或提炼出来的自然物了，其变成了拥有技术手段作用的可大量生产的人工合成的生物产品，这种产品带有更高的技术含量，产生的效果和副作用也更加显著。真正引起奥委会和人们对兴奋剂关注的是1960年的罗马奥运会上的一个事件，当时丹麦自行车运动员詹森在比赛中从自行车上摔下后死亡，三小后经检测他死于服用兴奋剂[216]。这个事件坚定了人们加强对兴奋剂治理的决心。1963年国际体育科学会议给兴奋剂做了界定："健康人以特殊目的，药物以任何形式摄入体内，以不正当的方法应用了非正常量的生理物质，及采用特殊的心理学手段等人为地、不正当地在比赛中提高运动成绩的做法，称为应用兴奋剂。"[217] 在1968年墨西哥城奥运会上开始正式实施兴奋剂检测，从那时开始在奥林匹克运动领域兴奋剂与反兴奋剂的斗争就没有间断过。时至今日，兴奋剂的类型和种类还在被不断地更新，世界反兴奋剂组织也在不断提高其检测技术和水平。在体育圈里流传着一句话形象地反映了这种现象："检测出来的是兴奋剂，检测不出来的是'高科技'"。可以说高技术为"兴奋剂"

披上了伪装并插上了翅膀，在高技术帮助下，兴奋剂的效果更具有针对性并且检测的难度也越来越大。其实有些食物也具备"兴奋剂"的某些功能，为什么就可以，但是服用药物和运用生物手段就不行呢？例如运动员经常吃一些人参、海参、甲鱼、鹿茸等滋补类食物促进对体力的恢复是可以的，但是吃苯丙胺、麻黄碱、乙基吗啡、硝酸甘油、苯乙酸诺龙这些药品就不成，用自己积累下的血进行"血液回输"也不可以[203]。习近平主席于2019年1月31日会见国际奥委会主席巴赫时提到："中国政府对使用兴奋剂持'零容忍'态度，我提倡中国运动员哪怕不拿竞技场上的金牌，也一定要拿一个奥林匹克精神的金牌，拿一个遵纪守法的金牌，拿一个干净的金牌。"如何限制兴奋剂的使用是我们即将举办的2022北京冬奥会的一个任务，这需要在监管层面、制度层面进行深入的思考，也需要我们从学术角度具体思考并反思。

基因技术的核心是DNA的重组技术，此外，还包括基因的表达技术、基因的突变技术以及基因的导入技术等。目前基因技术已经在运动员的选材以及运动伤病治疗与康复领域进行了使用。当人们将基因技术应用到运动员的训练和比赛中，它所产生的效果比传统"兴奋剂"还要大。众所周知促红细胞生成素（EPO）、热休克蛋白（heat shock proteins，HSP）等都被列为兴奋剂。其实不管是EPO还是HSP，都是本身就存在于我们的细胞中的。现在的基因技术就有这个能力——通过技术手段，让人的这些物质在体内的合成速度成倍增长。

（二）身体健康的相悖

在我们的印象中，奥林匹克运动员的身体是强壮的、健康的、充满力量的，是人们理想中的身体形象，雕塑《掷铁饼者》就展现了一名运动员的完美身材。但是你可否想过，在这个强壮、充满力量的身体背后，他们的身体经历过无数次的损伤和病痛的折磨。这就形成了一个悖论：代表健康的身体，其实质并不健康。现代奥林匹克运动的终极目标之一就是促进人们健康水平的提高[218]。但是我们去看看那些参加奥林匹克运动训练的高水平运动员哪个不是伤病缠身，甚至有的运动员因为损伤而失去了生活自理的能力。运动损

第五章 奥林匹克运动技术化的困境与身体归因

伤是体育运动的一部分，因为人体运动是自然界最复杂的现象，它是神经、肌肉、骨骼、关节以及外在环境协同作用的结果。神经支配肌肉收缩产生力，作用于骨骼系统完成各种机械动作，而执行动作的系统又是一套力学系统。尤其是在奥林匹克运动中，在这种激烈的对抗中，身体碰撞或者是意外的发生都会出现机体的损伤。现代奥林匹克运动在技术的帮助下，变得越来越激烈，运动员和教练利用年复一年日复一日的艰苦训练和技术手段促逼着身体爆发出更多的能量和表现。在这种促逼之下，就更加剧了运动伤病的可能。在不同的项目中，由于对身体的过度开发，造成的损伤有所不同。例如：冬奥会项目自由式空中技巧项目，比赛要求运动员从雪道高速滑下并通过一个高两米或三米的跳台，起跳到空中，完成高难度的动作，而且在落地过程中需要双脚站稳才能得到高的成绩。这个项目需要在空中几秒内完成高难度复杂的技术动作，这也造成了运动员腿部、腰部的严重损伤。平昌冬奥会的亚军贾宗洋双腿上满是手术留下的疤痕，身体里也留有很多固定骨骼的钢钉。我们会说这是奥林匹克拼搏精神的体现，但是同时这确实也是对于人身体的巨大损害。根据美国《纽约时报》一份调查报告显示：退役 NFL 球员患痴呆和阿尔茨海默病的风险，是普通人的 19 倍。Ann McKee 在《美国医学会杂志》上的论文显示："111 名向波士顿大学大脑库捐献大脑的前 NFL 球员，竟然有 110 名被确诊为 CTE（慢性创伤性脑病）。"[219] 可以看出，获得奥林匹克运动金牌是每个人所追求的目标，但是只有参与其中的运动员才能真正感受到，那些剧烈的运动给身体造成的伤害。

奥林匹克运动在技术的支持下，人们更加追求卓越，追求"更快、更高、更强"，这些由于技术化所带来的伤病或是早期的专项化该如何解决值得反思。

（三）公平竞争的背离

"公平"和"竞争"是奥林匹克运动的最基本条件，奥林匹克运动能够发展到今天，成为世界范围内最大的人类文化活动，也正是人们对于奥林匹克运动公平竞争的认同。在古代奥林匹克时期，人们的比拼和竞争是在完全的身体技能的基础之上完成的，人们通过奔跑、赤身裸体摔跤、投掷物品来决出胜负，当时比赛的意义完全大于对于比赛结果的追求。但是现代奥林匹克运动会，竞争变得更加激烈，人们可以利用的技术手段也越来越多。众所周知，现代奥林匹克运动会比拼的更多的是一个国家的综合国力和科技水平，美国为什么能够多次成为奥运会的金牌榜首，与其强大的科技实力是分不开的。而这种科技占有的不均衡，也是公平竞争背离的一种表现。

兴奋剂的问题、运动损伤以及科技带来的公平竞争的缺失是奥林匹克运动中的老问题，但是随着奥林匹克运动的技术化变得愈加突出，技术不但没有抑制这些问题的发生，反而助长了它们的侵入。体育学家和技术哲学家开始批判和剖析发生这些问题的根源，但是时至今日还是不能很好地解决这些问题。而且在这些老问题没有解决的同时，一些新的问题也出现了。

（四）技术化的身体归于何处

人的技术化可以看作人与技术在双向互动过程中人的本质力量与技术品性的融合，是人类通达自由与解放的合理途径。人的技术化一直伴随着人类发展。人之为人的身体也经历着技术化的过程，也就是身体技术化，身体技术化是指开放的、可感知外部世界的身体与技术相契合融会的过程，在这个过程中身体构成技术的内核和尺度，技术构建和改造着身体。身体在技术化的过程中既是认识世界的人的主体，同时又是受到技术影响或者内化的客体。这个身体的双重属性使得身体技术化中身体变得难以界定。身体的难以确定会造成技术化的身体的迷茫和彷徨，不知去处。如果身体没有一个边界，那身体终将成为技术的俘虏，被一点点侵蚀。

奥林匹克运动的技术化向何处发展，奥林匹克运动从诞生之日起就经历着技术化的过程，同样奥林匹克运动中的身体也经历着同样的进程。奥林匹克运动中身体的技术化可以表述为：在奥林匹克文化背景下，参与其中的身体与技术的融合，表现为技术对身体的涉身、解释和他者关系[131]。唐·伊德把技术作为人与世界的中介，通过"人—技术—世界"，阐释出人与技术的关系。谈到奥林匹克运动，人们首先想到的是运动员健硕的身体以及优美的动作，如果讲到技术和人的关系，第一个要讲到身体。技术在什么意义上和人发生关系呢？首先是把技术看作人身体的延伸，这个时候我们就说技术和人构成一种具身关系。伊德把技术与人的这种具身关系表述为：（我—技术）→世界。技术好像具备了身体，技术成为我们身体的一个无机部分，马克思说过：自然界就是人类无机的身体。技术首先是通过我们的身体而成为我们的。

奥林匹克运动的基础是运动技术（技能或技巧），打开运动技术的黑箱，我们会发现运动技术就是一种身体技术，在运动中人与技术的关系首先是一种身体的技能习得过程，在这个过程中，身体受到专门的规训和定位，从而具备了竞技运动所需要的一种身体状态，从技术与人的关系方面来看，运动技术的具身性特点毋庸置疑。

在奥林匹克运动中的解释学关系，就是技术作为一种有待解释的符号与人发生关系。如果说体现关系是人类身体的延伸，那么解释学关系就是人类语言的延伸。伊德认为，"解释学关系不是扩展或模仿感觉和身体能力，而是语言及解释能力"[221]。在伊德的现象学描述中把这种关系图示为：我→（技术—世界）。目前在竞技运动中，运动成绩的精确值已经达到了千分之一秒，电子计时器等测量设备在运动中的应用很好地说明了人与技术的这种解释学关系。人通过对测量数值的"阅读"可以了解到自己的竞技水平的发挥。再比如，在竞技运动高速发展的今天，运动与生物化学、医学等学科的交叉很多，从而形成了运动生物化学、运动医学等重要的学科，在这个过程中也把一些测量技术带入了竞技运动中，例如，对运动员某些生理生化指标的监控和测量技术的运用，就是人与技术之间关系的体现，运动员通过对这些指标的阅读，可以更好地了解自己的竞技状态。在解释学关系中，工具是现象的解构者，在工具与世界之间不存在明显的一致性，技术向人类展现的是一种表象。工具成为使用者关注的焦点，人类所直接感知到的是工具的可视化形式而不是世界本身的状态，因而获得的经验是间接性的。与体现关系相比，解释学关系的复杂性在于它需要使用者具有一种解释学能力。解释学关系与具身关系的最大不同之处在于，在具身关系里，人凭知觉与技术接触。而在解释学关系里，人要通过"阅读"来了解技术和它所指称的世界之间的关系。

他者是现象学中的一个概念。我的存在总是和他人有关系的，没有他人就没有我自己的规定性。我的规定性是在和他人打交道的过程中得出来的。没有他者的存在，我的存在就是空洞的。人与技术的他者关系被描述为人→技术→世界，从现象学意义上说，技术成为一个他者。在这一类关系里，技术和世界不一定存在指称关系。技术凸现在人的视野中，成为一个前景、一个不可忽视的他者。在竞技运动中，他者关系在球类运动中最为突出，以网球为例，以前绝大多数的网球比赛都是在草地上进行的，但随着材料技术应用到网球场地上后，硬地成为现代网球比赛的主要场所。相对网球运动员来说，网球场地作为"他者"，它的技术的变化，对运动员甚至这项运动都产生了很大的影响。

从上述对奥林匹克运动中身体与技术关系的阐释我们大概了解了身体技术化发展的三个方向，即向着身体、解读身体、围绕身体。但我们的身体是开放的、可感知、有情感的身体，且我们身体同时又是难以界定不好把握的身体，如果身体真的没有边界，那身体将完全被技术所同化成为技术的附属品，而失去自我。因此，身体的边界划分问题是理解身体技术化的重点，那身体的边界是由什么构建和划分的呢？伦理应该对身体边界的构建起到重要的作用。

第二节 技术建构身体的新态势和困境

在工业革命以前的社会中，技术在奥林匹克运动中所起到的作用是次要的。但是随着科学技术的发展，人们认识到了技术在奥林匹克运动中的效益，现代奥林匹克运动就迅速地在更广的范围内、在更深的层次上全面地引进技术，而走上了技术依赖的道路。人通过技术活动的工具化使自己的体力、操作能力和感官性能成倍地提高。人类以这种方式摆脱了自然界加在自己身上的生物学限制，创造了一个几乎无限的技术活动领域，其极限只是自然规律、资源限度和不能容忍自然环境的破坏。时至今日，要想在奥林匹克运动场上取得胜利，不依靠科技的力量是不可能的，从服装、器材到场地都离不开技术。技术在不断地构建着奥林匹克运动，同时也在不断地构建着我们的身体，使我们身体的工具属性更加明显。要想达到我们身体的极限，就要通过不断地训练和技术手段的促逼，甚至需要通过一些生理、生化甚至药物的手段来达到。随着技术的不断深入发展，我们会惊奇地发现，技术已经不只是构建我们的身体，已经成为我们身体的一部分。奥林匹克运动中的"赛博的身体"也正在出现。在这个信息高度发达的社会，奥林匹克运动员是受到人们所追捧的，当运动员的身体信息被暴露出来后，会对运动员本身造成什么样的影响呢？这些都是奥林匹克运动技术化将要面临的新问题。

（一）疲惫的身体——过度规训的"身体"

在当代社会中，伏案工作越来越多，体育运动，无论是专业性的还是娱乐性的，都是人们运用身体的主要形式，对男性尤其如此[221]。根据福柯的理论，参加某种体育实践与训练所包含的规训可以被看作在生产"听话的身体"（docile bodies）[222]。运动员的身体健美、强壮，超乎常人。就像舞蹈演员一样，运动员强烈地认同他们的身体：他们就是自己的身体，他们很清楚自己的身体就是他们取得成绩的资本，他们运用身体的技术转化为物质成功的资产。因此运动员拥有通过训练而获得的"身体资本"，并将其转化为"运动资本"———一套在奥林匹克领域可能产生价值的能力和强项（金牌、赞誉、奖金）。因为身体资本以及体育馆里从事的身体劳动，与运动员在体育馆外的全部生活方式密切相关。

需要根据不同的项目特点，在儿童或者青少年时期要进行选材，运动员选材是竞技体育活动的发端，是挑选具有良好运动天赋及竞技潜力的儿童少年或后备力量参加运动训练的起始性工作。选材时，应注意考虑各个运动项目的特点，力求使用科学的测试和预测方法，努力提高选材的成功率[147]。每个项目运动员的身体特点是不同的，例如特定的身高、体重、风度和运动性，肌肉的线条和骨骼发育程度等。这是在初始阶段对于一名运动员的关注。运动员在接受专业训练过程中，必须进行严格的体力训练和技能训练，这种训练强度是超乎常人的。我们中国女排在20世纪七八十年代提出的"三从一大"原则就是一个很好的体现。体育训练和比赛场馆就像生产工具的工厂一样，在这里，运动员的身体就像接受锻造、重组、刷新和重构的运动机器。一位拳击教练员曾这样说："我喜欢创造魔鬼，就看你能创造出什么，就像弗兰肯斯坦式的怪物一样：我创造了魔鬼，我得到了一位职业拳击手，我创造了一位优秀的拳击手，这个不是简单的事情。"[223]所有参与奥林匹克运动项目的运动员都要经受严格的训练，他们需要不停地奔跑、跳跃、练习身体柔韧以及比赛等。这些重复、激烈的训练是为了改变运动者的身体形态，并同时改变他的"身体感觉"（body sense）、他们对自己的身体和身体在世界中的位置的认识。这种对于身体形态和感觉的发展也对运动员提出了严格的自律要求，他们必须放弃对美食的追求、不良的生活习惯，以及感兴趣的活动等。例如在一些按照体重分级别的项目中，例如拳击、跆拳道等，运动员必须密切注意自己的饮食，甚至在称重前几天不能进食。著名网球运动员德约科维奇曾在其自传里描写到，他只有在夺得大满贯后才能够奢侈地吃一口香甜的巧克力。许多优秀的运动员都对自己的饮食有严格的控制。奥林匹克运动要求运动员从早到晚进行不同的训练、测试和比赛，这使运动员的社交活动变得十分困难。有位运动员这样谈论他对比赛的认知："训练时你就是住在监狱里，你知道，就像是在服刑。"[223]运动员通过限制自己的身体自由，来达到对自己身体的最佳控制，从而让自己的身体到达极限。但是这种成绩取得的背后是运动员的身体超乎常人的规训所带来的。这有时与我们追求自由的理想相悖。

（二）模糊的身体——赛博身体的出现

"赛博"又称"控制论有机体（the cybernetic organism）"，这个概念的提出是对传统本质主义的人类身体观念的挑战。这一术语是 1960 年由两位美国天体物理学家曼弗雷德·克林兹（Manfred Clynes）和内森·克林（Nathan Kline）提出的。他们用这个词来描述可以适应各种不同环境或是在太空中可能遇到的"人造身体"（artifact organism）。在今天赛博的身体具体是指人和机械物的结合体。哈拉维指出：作为机器和有机体之混成物的赛博使得任何机器、任何动物之间的区别愈加经不起推敲[224]。在哈拉维看来，赛博的概念涉及的是弗兰肯斯坦式的任务或是类固醇和激素所铸造的游泳者、跑步者，也是任何技术结合中所产生的杂交网络，这种技术是为了巩固人类工程而设计的。在后现代的世界里，身份、关系和种属是开放的、可选择的。转化和重构日益以新出现的科学和技术关系为中心，赛博形象所呈现的流动性和开放性有助于我们理解这些变化的深厚含义。

随着科技的发展和进步，赛博的身体在体育运动领域引起了不小的争议，人工智能在运动领域的应用以及电子竞技是否属于体育范畴等都是人们争论的焦点。人工智能"阿尔法狗"在围棋领域大胜专业选手，由谷歌（Google）旗下 DeepMind 公司戴密斯·哈萨比斯领衔的团队开发。其主要工作原理是"深度学习"。"阿尔法狗"（AlphaGo）是第一个击败人类职业围棋选手、第一个战胜职业选手的人工智能机器人。电子竞技（electronic sports）就是电子游戏比赛达到"竞技"层面的活动。电子竞技运动就是利用电子设备作为运动器械进行的人与人之间的智力对抗运动。通过运动，可以锻炼和提高参与者的思维能力、反应能力、心眼四肢协调能力和意志力，培养团队精神。电子竞技也是一种体育竞赛项，和棋艺等非电子游戏比赛类似。2003 年 11 月 18 日，国家体育总局正式批准，将电子竞技列为第 99 个正式体育竞赛项。2011 年，国家体育总局将电子竞技改批为第 78 个正式体育竞赛项。尽管官方给了电子竞技属于体育范畴的名分甚至组建了国家队，也还是很难消解人们对电子竞技与体育关系的争议[225]。

（三）泄密的身体——身体信息的过度开放

现代社会是一个崇尚自由和尊重个人隐私的时代，现代技术给人类带来了前所未有的自由，技术可满足人们不同程度的需求。技术让人们可以更好地了解自己、了解别人以及了解这个社会。在奥林匹克领域，大数据给奥林匹克运动的发展带来了前所未有的机遇，人们通过大数据的分析能够了解到自己最喜欢的运动员的信息，也可以了解到自己的运动习惯和运动水平，例如通过佩戴可穿戴的装置，人们就可以把自己一段时间的运动强度、运动心率、步数等指标发送到云端，并进行统计和分析，并根据自己的身体数据定制适合自己的健身方式和选择锻炼手段。大数据推动了奥林匹克运动的发展，同时也为奥林匹克运动身体信息的隐私带来了一些伦理的挑战，这些挑战体现在数据挖掘、数据预测和更全面的监控等方面[227]。大数据背景下人们对于身体信息的监控已经超越传统意义上的控制手段，现代的大数据对于身体信息的监控已经成为制定营销策略和供人们娱乐的工具。大卫·里昂（Lyon）认为监测不再仅仅是外在的规范我们生活的客观存在，是每天人们遵从的意愿，抵制并且以某些新颖的方式抑或欲望的形式参与其中[228]。随着大数据、泛互联、新一代人工智能和云计算的迅猛发展，信息身体又从基于小数据的信息身体演化为基于大数据的信息身体。可以说，"人的信息身体"的理论逻辑就是人对人及其身体的深化认识过程，"信息身体"的发展趋势是基于大数据的"信息身体"的数字化[229]。大数据是人们共享自己的身体信息并通过计算和数据的处理，形成的一种对过去集体行为的监控，也可以提出对未来的一种预测，但同时这也意味着我们每个人的身体隐私的泄露，甚至被别有用心之人利用。奥林匹克运动将会是人类未来超级互联共享世界的原动力之一，智慧化物联网支撑下的大数据分析所产生的影响，将远超出体育产业所能想象，决策面的影响会将原始数据转变为成功的行动力，以有效连接运动员、场馆、球迷、品牌、媒体、人们与全世界。现在大数据已掌握了参与奥林匹克运动的人们的大量身体信息，这些信息可以为奥林匹克运动的发展所利用，也可以被其他人利用来获得丰厚的利润，例如体育博彩公司就是利用大数据来处理博彩信息已达到获取利润的目的。

（四）身体伦理学能否成为身体的边界？

身体的边界是什么？可能会有人质疑，身体还需要边界吗？身体就是我们身体，看得见摸得到，我们称为人的身体。但是在现实中我们却常常因为身体的确权问题而产生争论，尤其是在当今这个科学技术高速发达的社会，技术化使我们的身体更加难以捉摸，赛博空间里人们的身体成为虚拟的符号和代码，挑战了我们对身体实在性的认知。技术产品让我们的身体具有了超越的属性，科幻电影里的人物已在技术的包装下具有了超人的本领，挑战了身体与机器之间的界限。身体是奥林匹克运动中的主体，但是经过高技术建构和内化的身体，是否还是奥林匹克运动中的那个身体？要想解决上述问题，明确身体的边界是非常重要的。探讨身体的边界，要厘清身体与技术之间的关系。对于身体技术化来说，身体是技术的内核，技术是身体的外延。身体通过技术化过程，使人拥用了技术的力量，与自然界中其他动物的存在有了本质的区别，"人在技术的帮助下，完成了人类自我划界的创举"。人的历史进程就是一个技术化的过程，身体是技术丈量世界的标尺，技术是人们了解自然的工具，它们之间是相互分不开的，失去了身体，技术在人的意义上就无意义；没有技术的身体，也就失去了称为人的本质。身体搭建了一座人与技术之间互通的桥梁。身体是技术的主要参与者也是技术作用于人的直接受众对象，就是因为技术与身体的这种交融关系，技术开始内化于身体，身体也对技术有了更深入的要求，随着身体技术化的发展，身体与技术的契合更加深入，技术和身体之间的界限变得越来越模糊。身体技术化一定要有个限度，要为技术这匹野马绑上缰绳，也要为活生生的身体确定界限。这时我们需要在伦理维度上对身体进行约束。身体伦理学是后现代的一门理论，其伦理主张更加开放和多元，但又不是费耶阿本德意义上的"怎么都行"。身体伦理从我们自己的身体、自身的形成过程以及周遭的社会文化情境出发，伦理学的人道主义将愈发具体和丰满，也会更加贴近生命本身。身体技术化应该在身体伦理的规约下进行发展，而奥林匹克运动也应该以身体的三个维度——自然、文化、技术作为落脚点对身体技术化过程进行分析。

第三节　奥林匹克运动技术化批判的得失

人的身体活动是奥林匹克运动的基本单元，奥林匹克运动出现的问题，更多体现在身体的层面。目前对于奥林匹克运动中的技术带来的问题，学者们从不同方面进行了审视和考量，但是从身体本身出发，才能打开身体这个"黑箱"对问题进行根本性的解决。

技术化是人类历史进程中的一个必然，在奥林匹克领域也是如此。奥林匹克运动与技术完成了借用、辅助、支持、融合与共生关系的建立，同时也完成了形式上与价值上最终的契合关系[230]。技术哲学家伊德认为技术就是"体现关系",由此,伊德指出在人类与世界之间的四种基本关系,它们分别是体现关系、解释学关系、他者关系和背景关系。可以说,人类与世界之间的这四种关系既是伊德从现象学进入技术哲学的入口,也是其技术现象学的核心。伊德的这种视角是一种技术人造物居间调节人类与他们的世界的视角,这使我们理解"主观性"和"客观性"的能力依赖于我们掌握技术人造物如何缩减与放大人与人之间,以及人与自然之间的各种联系之形式的能力[127]。正是技术的这个特征,人类一个小小的"恶"的想法可能被技术放大成为一个背离人类价值的大大的"恶"。在奥林匹克技术化过程中,发展和进步是坚定不移的,但是其中出现的一些与奥林匹克文化、价值相背离的情况也还是明显的,这些问题发生的根源是什么,是如何发生的,将在下面进行剖析和讨论。

(一)对奥林匹克运动技术化的传统批判

传统的人文主义视角对于"技术化"是持批判态度的,不断扩大的技术化引起了社会批判主义的重视和关注。技术占据了各行各业的支配地位,造成了人主体性地位的缺失。谢尔斯基在《科学文明中的人》中指出:虽然人创造了人工世界,但是这个技术世界的问题只能由全面规划、合理实施的更多的技术来解决。技术的内在逻辑必然使人失去确立高于技术系统目标的自主权。霍克海默的《丧失理智》描述了科学技术手段的日益完善,同时却丧失了客观合理的目标这样一种过程。马尔库塞的《单向度的人》试图从根本上批判工业发达社会的一般意识。他无情地揭露浪费资源、社会剥削和不完善军备等种种罪恶。按照他的看法,一个社会即使具有一定的技术效率,如果生活的具体实现与技术可能性严重失调,也必须称为不合理的社会。哈贝尔梅斯也探讨了这个问题,他认为由于技术因素被错误地用来维护客观上过时的权利结构,专家治国剥夺了人的某些基本权利。他和马尔库塞一样,都是想要改变人们不思考不批判的态度,使他们看到自己的真正利益。这是一些传统的技术哲学家对于社会技术化的思考和批判。在奥林匹克运动领域,这种批判的声音也是有的。人们为技术在奥林匹克运动中的过度使用而担忧,他们通过不同的角度剖析了奥林匹克运动技术化的问题。

1. 技术异化

异化与同化的含义相反，异化是一事物与本来相关的另一事物疏远、脱离的意思。技术异化是指，技术本来是人创造的事物，却出现了与人背离的倾向——对人的本质力量和人的实践过程没有起到积极、肯定的作用，反而成为影响和压抑人的本质的力量。

技术给奥林匹克运动带来了前所未有的发展，在技术的支持和帮助下，现代奥林匹克运动会已由原来的希腊城邦运动会发展成为世界上参与国家最多、人数最广的社会文化活动。奥林匹克也成为了极限、精英、公平公正的代名词。正如阿伦·古特曼所言：当代体育有两个很重要的本质特点即量化与纪录[231]。正是量化与纪录催生出了"更快、更高、更强"的奥林匹克精神与诉求。现代技术让奥林匹克运动在世界范围传播更广，也让奥林匹克运动的成绩不断创造新高。但是在大家一致为技术在奥林匹克运动中的作用唱赞歌的时候，技术也带来了一些不和谐的声音，运动员为了得到比赛的胜利，运用各种技术手段提高纪录，如对身体进行刺激和测量，吃大量药片（兴奋剂），甚至利用基因技术来改变人体的基因来达到人体增强的效果。这些都是技术对奥林匹克运动带来的负效应，也是一种表象，具体更深层次的原因，有学者归因为"技术异化"，是技术本身带来了这些问题。奥林匹克运动的技术化过程是奥林匹克运动的解构与技术建构的过程，那么主体的解构过程必然破坏了原有结构的平衡与和谐，失衡的主体必然要异化出某些本来不属于主体固有的东西，更何况结构的过程经常性地导致主体的某些本质属性的丢失和变化。技术行为具有一定的意义，并赋予其正确的结果以真理意义，但同时原始思想却被搁置在外了[231]。因此，奥林匹克运动的技术化过程必然会造成丢失之物，即由原来属性换取技术属性的行为，这个丢失之物仍然是转化主体的"私有财产"而与技术无关。

奥林匹克运动技术化的实质是奥林匹克运动员与技术的契合，技术异化是二者之间契合历史过程的必然出现的曲折，如何规避或者是限制这种异化，是目前我们面对的问题和难点。从历史的角度看，这一过程的实质是奥林匹克运动的发展需求与技术进行协同的过程，也是奥林匹克运动价值与技术价值进行整合并最终形成一体化发展形态的过程。技术的本质是人类自由和解放的根本动力，对技术的探讨必须置于技术与自然、社会交互作用的图景中，这种交互作用的"纽结"、落脚点正是人类的自由和解放。而正是由于技术被人类所支配，具备了很重的价值属性，就潜伏着危机———一旦被人类滥用和歪曲，技术就会脱离正常的发展轨道，走向异化的不归路[232]。技术异化是技术化过程中出现的不和谐因素的集中体现，技术异化出现的根本原因还是在使用技术的人身上。

2. 技术理性的过度侵入

技术理性的过度侵入具有奥林匹克运动与技术契合过度的意思，而造成奥林匹克运动的价值被技术理性所吞噬和僭越，使得奥林匹克运动的主体与技术物、技术手段等之间的边界模糊化。科技与奥运之所以能够完成契合过程，一个根本的原因就是技术理性能够找到与之契合的接口，这个接口就是奥林匹克运动本身所包含的体育理性和价值需求[64]。奥林匹克运动与技术的契合是一种价值性契合和功利性契合。正是在奥林匹克运动那种拼搏、追求卓越的精神引领下，人们不断地对身体提出要求，并借助外在于身体的力量——技术来提高运动成绩。奥林匹克运动与技术的契合广度和深度在不断加大。如果二者过度契合，技术理性必然会在毫无规约的前提下得到迅猛扩张，这必然使以人文价值为核心的奥运受到猛烈冲击，并使其发展陷入种种风险之中。由于科技给奥林匹克运动带来了巨大的利益推动，人们开始信赖甚至依赖技术的工具理性来解决奥林匹克运动价值和目标问题，人们对于技术的力量开始深信不疑，甚至对技术怀疑的声音置之不理，技术的工具理性得到了张扬，而奥林匹克的价值理性和文化属性被弱化了。当现代技术在竞技运动领域获得权威后，现代技术的逻辑开始成为竞技运动功利性发展的基本逻辑，成为推动奥林匹克运动功利性发展的决定性力量。这时在"唯成绩、唯金牌、唯奖金"以及"胜者为王败者寇"等功利思想的作用下，人们开始不择手段地提高自己的成绩，达到自己的目的。这成为奥林匹克运动出现问题的一个方面。

3. 人主体性缺失

在奥林匹克运动会中，人主体性地位的缺失也被认为是奥林匹克运动技术化出现问题的一个重要归因。在奥林匹克运动的发展历程中，从来没有像现在一样对现代技术如此依赖，技术走过了辅助、支持、融合到嵌入互生的过程，技术对奥林匹克运动中的身体进行着不断的建构。古代奥林匹克运动是纯粹的身体比拼的奥林匹克，现在虽然也是以身体为主，但是技术的成分越来越大了，而且技术已经不满足于只起到奥林匹克运动会中的外在使用物的作用，进而向着身体、身体内部进行构建，这就造成了奥林匹克运动中人与技术成为了不可分离的结合体，导致人的主体性部分被技术所剥夺。而技术的首要因素应该是人的价值的充分体现，技术要为人服务，为人而在，人要为技术的发展提供充分的必要理由，同时又要控制和约束技术向人们所设想的方向发展。

这些都是传统对于奥林匹克技术化出现问题的批判和剖析，在分析这些问题原因的时候好像少了一些什么东西，那就是赖以生存的"身体"，都是从外部来谈问题，技术异化、过度契合、人主体性的缺失，这些归因都是由技术的理性和奥林匹克运动的价值相悖决定的，但是要看到奥林匹克运动的实质是人身体的活动，如果抛开人类的"身体"来谈问题，就是舍本逐末、相差甚远。

（二）奥林匹克运动技术化的身体归因

上面对于奥林匹克运动技术化中出现的问题进行了阐述和归因，这些讨论都是在一个逻辑前提的基础上提出来的，就是身体是一个固定不变的、恒久的身体，相对于心灵的二元划分下的身体。但是现实是身体正在被现代技术所构建着，技术正在不断地内化于身体，形成具身化的趋势，技术正在成为身体的一部分。在没有身体维度的情况下，谈论技术异化、技术理性、体育价值、体育文化，是不充分的，也是解决不了根本问题的。随着技术的发展，身体所面对选择的可能性越来越大。这些趋势一方面增进了人们控制自己身体的潜能，另一方面也加剧了身体受他人控制或者伤害的可能性；一方面使人们更加清楚技术对于身体的重要性，另一方面也瓦解着身体与身体之间、技术与技术之间以及身体与技术之间的传统界限，从而加剧了人们对于身体的不确定感。从兴奋剂、运动损伤等技术异化现象到赛博身体、人工智能技术在运动领域的出现，依靠传统的道德、伦理等规约的力度是不够的，需要通过身体的思考，从身体出发来解决问题。

1. 忽视技术背后被资本构建的身体

身体无疑是自然的一部分，受自然过程和自然规律所支配，诸如生、老、病、死、饥饿和疾病等，所有这些每天都在提醒人类与一个外在于文化和社会的王国之间的联系。但是尽管人之身体是由一个不容置疑的自然基质组成的，其外观、状态和活动却是一种文化意义上的组成。身体的感受在无时无刻地提醒着我们它的存在。

莫斯提出的身体技术，把身体当成"最初的最自然的工具，抑或是最初最自然的技术手段"。莫斯把身体看作人们的第一个技术对象。认为人的行为和动作是由社会的文化所建构的。有什么样的文化就有什么样的身体。身体是执行所有实际行动的工具或手段，人们通过这些行动来参与世事。当把身体作为工具、技术对象、技术手段来看待时，身体就具备了被建构的属性。技术是为弥补身体不足而产生的，是为身体服务或是增强身体的某些能力的。当技术作用于身体的时候，人们能够明显地感受到技术为身体带来的力量，从而获得更多的利益，这时人们的欲望被激发，开始想要的更多，也对技术的需求和依赖更加明显。奥林匹克运动的实质是以人身体活动为基础的，遵循一定规则完成的竞技运动。其根本是人身体的竞赛和比拼，当技术开始构建身体的时候，身体就不是纯粹的身体，是由技术具身于身体的身体。这时的身体是具有技术属性的身体，也容易导致技术水平和合理程度直接决定着运动的成绩。当人的某些生物层面的东西进入社会领域，自然的、无声的身体就会变成积极的、具身象征意义的交流者。

当把理性主义和逻辑主义的内涵剥离，透过"文化资本"看到了把身体作为一种资本的可能，身体成为获取利益、获得生产资料的资本，运动员、舞蹈家、体力劳动者都是通过自己的身体证明自己来获取收入。奥林匹克运动的身体既是生存的工具和手段，又是体验"痛"、体验"累"的物质性存在，也是铭刻社会文本意义的载体[233]。身体作为获得利益的工具，牺牲健康。当把身体作为工具资本的时候，可能就会只看到眼前的利益而忽视长远的东西。在奥林匹克领域，很多运动员因为服用兴奋剂而影响健康甚至失去生命。这些都是把自己的身体作为一种工具的表现，通过对身体的非理性刺激而达到他们想得到的结果。

2. "身体-技术"边界的模糊

奥林匹克运动技术化过程是一个循序渐进的过程，也是奥林匹克文化与技术对于其中的身体的建构过程，技术对于身体的作用经历了最开始的相互分离、辅助、支持、融合和共生的阶段，现代技术的出现，让奥林匹克运动中技术对于身体的共生关系更加密切和紧密。只有当人有了技术身体，才是真正具有了人的特性的人，所以"人的技术是人身上最富有人性的东西"[234]。

身体与技术的边界变得越来越模糊，随着电子信息技术和基因等技术的高度发达，现在完全有能力把外在器物技术内化于身体之中。这种外在的信息技术发展到极高的水平后，又进一步展示了向人的体内回馈即融入身体本身的发展趋向，即器具信息技术向身体信息技术的融入。在奥林匹克领域，技术物对于身体的内化是比较普遍的，健美运动员通常通过注射药物来增加和保持肌肉的维度，南非"刀锋战士"利用高科技的假肢，把自己的奔跑速度提高到了职业运动员的水平。目前的基因技术可以通过改造人体自身的基因，来使运动员的身体变得更强大。这些都是技术物内化于身体的情况，在这些情况中是人之身体与外在技术的会聚问题。从自然身体到人工身体，从自然器官到人工器官，然后是自然器官与人工器官的结合，这就是发生在人的身体之上的两种技术的融合，这种融合的最高境界或许是两种技术之界限的解构，身体技术和器物技术实现高层次的会聚，一定意义上可以说"身体就是技术""技术就是身体"。这种人与机器混合态的身体对奥林匹克技术化提出了新的挑战。

3. 伦理中身体的缺失

传统伦理学对于奥林匹克技术化是有批判和规约的。但是随着技术的不断进步，传统伦理对于奥林匹克运动的技术化过程的约束有些力不从心。一味地通过二元论的对与错、是与非来评判奥林匹克运动中出现的技术问题，有时显得有些过于教条，考量的效果也不够明显。随着后现代主义对理性至上的批判，以及新的社会运动引发的新的社会知识的生产，有伦理色彩的哲学和社会学的探索成为可能。当代的伦理争论是在感知的领域中构建它的话语的。如果模糊性和不确定性必将伴随伦理选择，那么伦理学就无法建立在理性和权威的基础上。伦理的自我很可能生活在亲密的共同体中。它需要开放、宽容、尊重身份认同、保持差异并且超越差异。尽管当代社会语境有模棱两可的本质，身体也只是在表象的或者符号的层面上被概念化，但是伦理学依然是一个必需关注的领域，而身体依然表现为伦理的身份认同的主要场域。近年来，伦理的争论已经成为社会和文化理论的中心，而伦理学和身体之间的联姻应该得到足够的重视。

传统的伦理学对关于身体相关领域的享有批评、指导和通过审判的权利，但这种权利是一种暴力，而且建立在理性基础上的抽象的生命伦理学规范从根本上与生物学和人类生活相冲突。它逐渐与实践脱节，却又必须保持原来复返的效力，这样的伦理学已难以突破自身的瓶颈。由此身体维度走入伦理学的视野。身体伦理学注重保障生命的自由和尊严，而这种保障来源于对身体自身的考察和认知。这种认知并非主体对客体的认知，而在于一种自身的发现。从自己的身体、自身的形成过程以及周遭的社会文化情境出发，伦理学的人道主义将愈发具体和丰满，也更加贴近生命本身。

传统的伦理学建立在普遍理性的原则基础上，身体与心灵二元对立，而身体伦理学的理论基础——"涉身自我"更加强调自我形成过程中身心因素相互交织。身体伦理学是对传统的生命伦理学的批判和重构，但较之生命伦理学，身体伦理学的研究范围有所扩大，不仅包括生命伦理学中关于身体的议题，还包括随着科技发展而日益凸显出来的与身体相关的其他问题。比如赛博空间中的伦理问题，以及基于身体体验的设计伦理问题。

由此可见，身体伦理学是对传统的主体伦理学的批判和超越，为进行相关的伦理研究提供了一种新视角、新思路和新范式，是伦理学发展的新阶段。身体伦理学以涉身自我的物质性和含混性为理论基础，反对主体伦理学的不确定性的思维模式，更加注重身体的情感、体验和文化差异，以主张不可判定性、打破决定性、关注特殊性为基本原则。它开启了一种新的伦理范式，这种范式不是费耶阿本德那种"怎么都行"，而是有其自身的本体向度，这种本体论向度以身体作为自身的存在之基础而获得可能。这种身体自身的存在并没有预设一个先在的本质，而是在身体的流动性中，在身—心—世界的同一中获得了发展的源泉和依据。

第六章

奥林匹克运动技术化的身体边界与困境之消解

奥林匹克运动在其技术化过程中出现了一些困境，出现问题就要解决问题。解决问题的前提是我们要对问题进行剖析，这样才能够更好地解决问题并具有针对性地提出消解之方法。对奥林匹克运动技术化过程出现问题的消解，主要的做法还是要重新确立身体的回归，或者更为准确地说是如何促进其技术化过程合理地回归身体本身。在以往的研究中，有的学者在探讨竞技运动中技术应用的限度问题时认为，竞技运动中技术应用必须最终尊重生命、增进健康、扩大参与、公平竞争和促进和谐的伦理规范[236]。有的学者则提出了现代竞技运动应以人为本，而以人为本正是竞技运动可持续发展的主线和基点[237]。由是观之，一些体育学者已经对体育价值理念进行了较为深入的思考，且这些思考对促进体育的合理发展起到了积极的作用。但是这些思考显然还没有将人们的视线引导到解决核心问题之处，都是从道德、伦理层面进行规约和考量，没有打开问题的真正"黑箱"身体。从身体出发解决问题之道才是真正的以人为本。经前面章节的论述和阐明，本章主要是对奥林匹克运动技术化的身体边界进行探讨，这是奥林匹克运动技术化限量发展的一把界尺；同时对奥林匹克运动技术化发展动力——身体的欲求和技术之予这对矛盾进行论述，从根本上探讨奥林匹克运动中的技术化身体困境产生的原因和平衡矛盾张力的方法，厘清身体伦理的必然之所在，证明奥林匹克运动技术化的最终解决之道应该是回归自然的身体、回归文化的身体、回归伦理的身体。

第六章 奥林匹克运动技术化的身体边界与困境之消解

第一节 掌握奥林匹克运动技术化的身体边界

身体是奥林匹克运动发展的根本,保障身体的健康、促进身体的解放、释放身体的能量是奥林匹克运动的发展方向。以身体为本是坚持奥林匹克运动身体本体论哲学,同时也是坚持以认识身体为前提的技术认识论和技术服务于身体的价值论。技术开发身体的潜在可能性由身体的生理属性决定,技术的适宜性由身体的感受决定,因此认识身体是奥林匹克技术认识论的基础。技术不仅是工具,也体现了价值,在奥林匹克运动中,技术要服务于身体,为身体的和谐和健康服务。身体的边界首先是人之为人的身体,技术的身体化也设定了技术发展的限度,因此身体构成了奥林匹克运动技术发展的边界,也决定了奥林匹克运动技术化发展的方向。

(一)坚持奥林匹克运动以"身体为本"的哲学本体论

1. 以身体为本是坚持身体本体论哲学

第一,奥林匹克主义是一种身体本体论哲学。所谓身体本体论哲学,界定的是一种以身体为中心,将身体视为客观存在的绝对简单事物的哲学,回答的应该是身体是什么、身体存在的方式应该如何等问题。"奥林匹克主义是一种哲学,这种哲学以哲学意义上的'身体'作为思辨的逻辑原点,所以'奥林匹克主义'是一种身体本体论哲学。"[23]

第二,身体本体论哲学决定了奥林匹克运动中的身体价值优先权。"以身体为本"是从身体本体论出发,探讨身体的价值。在奥林匹克运动中的体质、意志和精神合为一体的存在方式体现了身心合一身体观,在技术与身体的关系中,身体要主导技术,不能颠倒。

因此,奥林匹克运动的技术化不能违背"以身体为本"的价值哲学。奥林匹克运动要从人的身体的和谐发展出发,以增强体质体现生物身体,以改变人的意志品质和精神面貌作为积极的生活哲学。技术只是为这一目标服务的手段,而不能控制人的力量。技术的身体化是一种技术的身体回归,让技术向着以人为本的方向发展。

2. "以身体为本"也是坚持"以人为本"

奥林匹克运动中"以身体为本"也是坚持"以人为本"。以人为本，是哲学价值论概念，主要回答在我们生活的这个世界上，什么最重要、最根本、最值得关注。以人为本，就是说，与物相比，人更重要、更根本，不能本末倒置，不能舍本求末。"以人为本"，把人类的生存作为根本；或者，把人当作社会活动的成功资本。以人为本反对"以物为本"的思想，也反对以"技术为本""以金牌为本"的思想。那些因对其他目的的追求，忽视身体感受，一味追求身体以外的东西，让身体经受着过度疲劳和损伤，以及不惜通过药物等手段提高自己的成绩来达到自己的目的的做法，都与奥林匹克运动的初衷相悖。

坚持"身体为本"也体现了一种奥林匹克运动的文化传播观念，是塑造合格的现代公民的重要途径，也体现了人的全面发展。人的全面发展最根本的是指人的劳动能力的全面发展，即人的智力和体力的充分、统一的发展。同时，也包括人的才能、志趣和道德品质的多方面发展。人的全面发展包括了人的身体和谐发展，现代奥林匹克运动能很好体现身体的和谐发展，就能极大地影响现代人类的世界观形成。

（二）以认识身体、服务于身体为前提的技术认识论和价值论

1. 以认识身体为前提的技术认识论

纵观奥林匹克运动的历史，随着技术嵌入身体，极大地开发运动员的身体潜能，于是带来一个认识论的命题：技术让身体发挥更大潜能的可能性在哪里？

可能性是现实事物包含的预示事物发展前途的种种趋势。相对于现实性来说，可能性是潜在的尚未实现的东西。在奥林匹克运动中，凭借人类身体的天然素质进行竞技已经成为历史。在技术的介入下，已经不断使技术的可能性变为现实性。如借助杆子的弹力，撑杆跳选手将自己弹起，乌克兰选手布勃卡创造的室内纪录为 6.15m，室外纪录是 6.14 m。从能量角度分析，普通跳高只在起跳时做功，撑杆跳是在助跑时做功，把赋予身体的动能转化为杆的弹性势能储存起来，在起跳时释放转化为身体的重力势能，所以撑杆

跳的高度比普通跳高高很多。在这个过程中，技术不断地进步，使用重量更轻、强力更大的材料制作杆子，使纪录不断被打破。当某种技术被应用之前，提高成绩只是具有某种可能性。

上述的事例，似乎说明可让身体发挥更大潜能的可能性取决于技术，技术发展没有限度，身体潜能的开发也没有限度。但是必须看到限度的存在，限度却来自于身体。可能的反面是不可能性。当我们说某一事物和现象不具备某种客观的依据和条件，因而是永远不能实现的东西，指的就是不可能性。不可能性有两种：一种是绝对不可能，它违背规律，永远不可能，在奥林匹克运动中，指的就是违背身体规律。另一种是相对不可能，是指条件尚不具备，只要为它的出现创造条件就会使其由不可能变为可能。技术开发身体潜能从不可能变为现实指的是后者。即使技术的进步让某项运动的纪录从不可能变为可能，超越身体的极限，也要以不违背身体健康和社会道德为准，否则就是对运动员的伤害和对人的不尊重。

因此，奥林匹克运动的技术认识论要以认识身体为前提，技术开发身体的潜在可能性由身体的生理属性决定，以百米运动员来说，再科学的训练，也不能使运动员的百米速度超越猎豹；辅以再高级的技术手段，也不能让撑杆跳运动员手臂撑杆的力量超越大猩猩。

2. 以服务身体为前提的技术价值论

技术不仅具有工具性，还具有价值性。奥林匹克运动中的技术设计同样要遵循价值敏感设计。美国技术哲学家 P. 杜尔宾（Paul Durbin）认为，技术设计的问题具有伦理道德属性，对技术设计的伦理学分析理所当然应对其进行规范性的评价。在当代奥林匹克运动中出现了偏重于追求比赛成绩的技术化，消退着人们对奥运本真价值和意义的追求，引发了对运动员身体的伤害和精神压抑，这些价值困境就体现在一些技术的泛用。

价值敏感性技术设计的"价值"解读，是指技术设计者必须具有一定的"价值敏感性"，对代表各利益主体的价值诉求有一定敏感性，通过筛选和权衡，作出最有意义的取舍。马克思·舍勒提出了一个"价值层级表"。第一个是感官价值；第二个是"生命价值"；第三个是"精神价值"。这种"精神价值"又可区分为：① 纯粹美感的价值；② 正义的价值；③ 纯粹真理知识的价值。在精神价值之上的则为神圣的宗教价值。[237]

借助舍勒的观点，奥林匹克运动中从价值敏感性技术设计充分考虑技术实践的多层价值。技术实践的合理性从感官层次分析要以运动员体验的无害、适宜为准；从技术使用层次分析要以运动员认为合乎身体、可用程度高为准；从生命价值层次分析要以运动员感到安全、可靠为准；从精神价值层次分析要以运动员感到美观、愉悦、公正、保护隐私、自由为准。

（三）身体何以成为奥林匹克运动技术化的边界

边界的本意是一个地理名词，指国家与国家、地区与地区之间的界线。从哲学角度分析，边界是指事物发展的范围，有两层含义：一指界限，一定的时空的限定，意思是不同事物的分界，语出《易·系辞上》："范围天地之化而不过。"二指限制；指阻碍，制约。见《宋史·卷三六三·李光传》："长江千里，不为限制，惴惴焉日为乘桴浮海之计。"身体的边界是指以自然身体作为人从事任何事情的限度。自然的身体包括肉体和精神方面的含义，即大自然赋予人类有机的肉身和智慧的心灵，没有这样的心灵便不会产生道德和理想。在奥林匹克运动中，自然的身体构成了奥林匹克运动的基础，也是奥林匹克运动诞生和存在的意义。技术化的边界以身体为边界，也存在着两层含义：一是明确技术化的范围，技术化本身的存在和变化以身体本身的存在和变化为条件，时空界线也包含着技术化走出这个界限之外，就不可能做奥林匹克运动本身的事情了；二是强调身体对技术化的制约和约束，以不侵害身体健康和身体伦理为界，具体的讲则是技术化为生理的身体、文化的身体和伦理的身体所制约。技术化与身体虽然相互制约，但身体对技术化的制约是前提和基础。

1. 身体的边界首先是人之为人的身体

奥林匹克运动是在规则下以身体运动、身体竞争、身体展示为主要手段的社会文化活动。在其中自然的身体是一个能够感知、有情感的开放的身体，它能够接纳来自外界的信息并给予回应。人类的根本性特征是铭刻于身体之上的，身体成为人类唯一能够感知的

第六章　奥林匹克运动技术化的身体边界与困境之消解

思想和实物存在。奥林匹克运动是人的自然需要和本能冲动，一种寻求生存平衡、身体强大和生命意义的自然表达、人类生存和发展的必需，是最为真实的情感体验。奥林匹克运动对于人类身体的忠诚与可靠，在于它对于生命的保护，人类唤醒身体本能运动的思想存在[238]。正是这个开放的自然身体接纳了来自奥林匹克文化的影响，形成了在奥林匹克文化结构下的身体，在本能的、自然的身体外部有来自奥林匹克文化的侵入，正是由于奥林匹克文化对身体的建构，此时的身体才是独特的身体，区别于其他的身体，具有了独特性，也正是由于受到这种文化的建构，在此之中的身体有了共通性，可以在奥林匹克运动中自由地交流和展示，成为被人们接受、认可的身体。技术身体具有一个承上启下的作用，它填补了自然的身体和文化的身体之间的那条沟堑，在奥林匹克运动中这个所谓的技术的身体又是什么呢？技术的身体是对身体的限度，是奥林匹克运动中身体如何活动、怎样展示、如何竞争的纲领，是奥林匹克运动的发展方向。

综上所述，奥林匹克运动中的身体边界是由自然的身体、文化的身体以及技术的身体构建而成的，其身体的边界首先是人之为人的身体，而后是要在具体的文化之中展现的身体，最后是技术弥补了身体的自身的缺陷或局限，提升了我们体验的身体，对自然的身体和文化的身体进行了贯穿。技术对身体的提升并不是无限的，自然的身体所能承受的，才是边界。正如伊德所说的，身体二（文化的身体）和身体三（技术的身体）只是对身体一（感知和体验的身体）的一定的塑造，并不能根本改变身体一的基本属性，只是起到文化与身体、事物与身体的居间调节作用，如果在奥林匹克运动中技术的身体完全替代自然的身体，那就不再符合奥林匹克运动的本质了。

2. 技术的身体化为技术设定了限度

技术的身体化还体现在身体为技术设定了限度。在奥林匹克运动中身体作为技术的来源，还有一个重要的意图，就是技术的使用和发展要符合身体的尺度，即我们所谓的以人为本。这在奥林匹克运动中也是至关重要的。众所周知，随着技术在奥林匹克运动中的大量引入，技术的使用呈现出科技水平越来越高的态势，曾经都是将其他领域的技术引入到体育运动中，但是现在针对体育运动的专门化技术也越来越普遍。例如针对运动员伤病恢复的真空负压跑步机，运动员可以在不承受身体重量的情况下进行跑步练习，这样可以减少跑步对膝盖带来的冲击；运动后的身体冰冻技术，能够让运动员减少运动过程中的乳酸堆积，让身体肌肉迅速降温达到恢复迅速的目的。这些技术都是因为符合了人身体的规律和需要，所以才能够在体育领域被广泛采用并被认可。技术来源于身体，并按照身体的需求和尺度进行发展，只有符合人身体要求的技术才是可取的技术。身体也为技术设定了限度。

19世纪80年代，以细胞学说、能量守恒和转化定律、生物进化论为代表的自然科学的重大发现，标志着现代生物科技革命浪潮汹涌澎湃地到来，现代生物科技革命对于社会的政治、经济、文化，包括作为一种文化形态存在的体育的影响和意义都是重大和深远的。但是正如杰里米·里夫金所言："生物技术世纪很像浮士德与魔鬼签订的协约。他向我们展示了一个光明的、充满希望的、日新月异的未来。但是，每当我们向这个勇敢的新世界迈进一步，我们会为此付出什么代价，这个恼人的问题就会警告我们一次。"现代生物科技成果在奥林匹克运动中的应用，对作为运动主体的人的了解有了极大的帮助，使我们在运动训练中更好地把握人体的客观规律，挖掘潜在的人体运动能力或完善自身的生理结构及机能，增进人体对环境的适应能力。

在现代技术除具有作为技术的一般本质外，还具有与古代技术显然不同的新特质。海德格尔指出："在现代技术中起支配作用的解蔽乃是一种促逼，此种促逼向自然提出蛮横要求，要求自然提供本身能够被开采和贮藏的能量。"[214]海德格尔用"座架"一词来表达现代技术的这种促逼本质。在奥林匹克运动中，现代技术正在对我们的身体做着同样的事情，我们为了到达追求极限的目的，不断给身体以刺激，并且还不满足，这种"促逼"甚至达到了可以改变我们身体本质的水平。这种趋势对奥林匹克运动的成绩推动效果是显而易见的，但是当技术的具身化达到一定程度的时候，我们是否应该反思一下，这种追求极限的做法，是否与奥林匹克运动的初衷背道而驰了。

第二节　平衡技术与身体之间的张力

奥林匹克运动是一个矛盾的统一体，体育价值、技术的理性、身体的欲望之间保持着一种必要的张力，这种必要的张力维系着奥林匹克运动的健康发展，这种张力是动态的发展的。必要的张力是多个事物间相互制约维系平衡的重要条件和方面。亚里士多德认为存在着三种品质，一种是过度，一种是不及，这两种都属于"恶"的，第三种是事物在"过"与"不及"之间的一种恰当状态，称为德性[239]。在奥林匹克运动中就存在这么一些矛盾，比如身体之欲是自身更加强大、更加美观、更加受人追捧。而技术作为一种人类达到目的的工具，承载着身体的愿景。解决好身体之所欲与技术之所予这对矛盾，才能更好地解开奥林匹克运动中身体与技术之间的纽带，创造更加健康积极的未来。

奥林匹克运动是一个人类文化活动，以文化的精神为起点，所以这就决定了文化价值是奥林匹克运动的重中之重，但是仅凭文化对奥林匹克运动的发展和推广还是不足够的，需要一些物质的、技术的支持。但是如果过分依赖技术和物质的东西，并不能让奥林匹克运动走得更远。爱因斯坦说过："仅凭知识和技巧并不能给人类的生活带来幸福和尊严。"[241]只有文化价值与技术理性的协调一致发展，才能更好地满足身体之所欲。

因此，既要认识到技术与身体之间的矛盾和对立，也要认识到身体之所欲与技术之所予之间的互动是构成奥林匹克运动的重要动力，并很好掌控两者之间着力的度，才能更好地解决奥林匹克运动技术与身体之间的契合问题。

（一）身体之所欲

奥林匹克运动中的身体之欲是对于理想身体的欲求和梦想。身体在传统的视域下，是被贬低和规训的。从古希腊的柏拉图到现代的笛卡儿，身体的欲望一直是人们所批判、指责和被限制的，代表着低下的、被动的、贪得无厌的。当时的身体是一种身心二分下的物质的身体，没有主动性，是不具备思考能力和反思能力的肉身。但是到了近代，对身体的认知发生了变化，从尼采到福柯再到梅洛-庞蒂以及吉布森，身体成为了后现代理论的发起者。这里所指的身体之所欲是一种具有理性色彩的欲望，而不是一种无所禁忌、无节制的欲望。奥林匹克运动为压抑的身体提供了一个发泄的途径，身体通过不同的项目展示自己的速度、力量、耐力及技巧，人们通过体育达到对身体的重新认识，并建立起自信。美国学者布鲁克斯这样描述身体的欲望："主导对身体进行刻写和烙印的是一系列欲望，一种欲望是不让身体迷失于意义，要把身体带进符号学和具有重大意义的灵域，另一种对于身体本身的欲望，想要拥有或成为那个身体的情欲化的渴望。"[242]身之所欲正是人之所想。

1. 身体的超我——超越

"超越"是奥林匹克运动的一个代表性符号，代表着超越自我、超越纪录、超越极限[131]。奥林匹克运动为身体的展现提供了一个场所，在这里人们通过不断地对自己的身体进行刺激和磨炼达到取胜或者超越的目的。让自己的身体完成超越和强大是奥林匹克运动中身体的目标。正是在这个目标下，人们喊出了"更快、更高、更强"的口号。这个目标，或者是身体的欲望是一种建立在"共在"的基础上的共在的欲望。我想要某种东西，是因为我缺少某种东西，这是人们习以为常的表达方式，因为缺乏所以有欲望。之所以有欲望，是断定缺乏那个所欲望的对象，欲望与缺乏成为一对不可分离的内在相关项。一个在存在中成为虚无的虚无，而不是一个存在的存在[242]。自人类诞生以来，就有试图使自己成为更加完备人的想法。在人类的进化和发展过程中，人们总是期望使用一些技术或者手段来增强自己某方面或某几方面的能力，这种技术称为"人体增强技术"。随着人类科学技术的不断扩展和进步，人们想要增强自己身体的愿望也变得不那么遥不可及。人的主观的想法得到了技术的客观支持。通过技术使人更加强大的想法，对人类产生了巨大的诱惑。现代技术可以通过对于身体的重塑和操控来达到这一目标。这个阶段人们已经不再满足利用"自然"循序渐进地提高自己的能力，例

第六章 奥林匹克运动技术化的身体边界与困境之消解

如通过刻苦的训练提升自己的竞技能力以取得比赛的胜利或是得到健美的身材。而是期望通过一些速成的、高效的技术手段来获得这一切，药物甚至改变基因等手段就开始运用到身体上了。奥林匹克运动代表着体育运动的最高竞技水平，要想在高水平的比赛中取得冠军，是需要天赋、努力和科学的训练作为基础的。但是这些努力是一个慢慢积累的过程，甚至当成绩达到某一个水平的时候，就停滞不前了。

如果说体育是为了培养健全的人，那奥林匹克运动就是为了培养"超人"。人们要想取得好的成绩，要有很强的自控能力。以篮球巨星詹姆斯和足球巨星C罗为例，这两位可以说是篮球场上和足球场上的最伟大的运动员之一，他们对于自己的身体是异常严格的。不说他们在训练场上有多刻苦，就是在饮食上他们也是非常节制的。詹姆斯在夺得总冠军的比赛后，都不吃一口带有猪肉的披萨；C罗更是一年四季的饮食都是严格按照营养师的搭配进行的。在这些运动员成功的背后，我们看到了他们超出常人的辛苦和付出。但是如果在奥林匹克领域，通过技术的介入（例如服用药物、改变基因，或者是特殊材料对身体的植入等）来提高运动水平，那将是对这些付出辛苦的运动员最大的不尊敬，也是对奥林匹克运动精神的践踏。

成为强者、追求卓越是人们的本性，奥林匹克运动决定了这种"超越和强大"是建立在公平、自然的基础之上的。科学技术只能是一种辅助身体的手段，而不能成为左右比赛的关键。但是不可否认，目前奥林匹克运动的发展，包括公平竞争都已经离不开技术的支持和辅助，技术已经成为奥林匹克运动的重要组成部分。技术帮助人们完成了一次次所谓的"超越"，让人们体验到前所未有的胜利感和满足感，人们开始喜欢上这种感觉，开始不断地运用技术手段来尝试更多的"超越"。但是这种所谓的"超越"的实质是一种假象的"超越"，是一种技术带来的超越，在奥林匹克运动中对于"纪录""历史"以及种种数据的超越，只是超越的一种表象，而不是奥林匹克运动真正意义上所提倡的超越，奥林匹克运动的超越是一种建立在人文精神意义上的，对自身价值和理性的超越，是一种积极向上的态度。

奥林匹克运动中的技术与身体问题

2. 身体的自我——协调

在人们何以能获得与对世界相一致的认识这个问题上，理智主义与经验主义都坚持对身体作二元划分，从而在弥合精神和肉体、有限和无限之间的分裂的问题上难以作出圆满的解释，也就是说无法说清此问题。梅洛-庞蒂则认为人的存在依托充满生机和活力的身体，身体为人在世界中的存在标示出一个锚点和意义的扭结点。作为物质性与处境性存在相结合的身体，它本身就是肉体与精神的结合、有限与无限的交会之处，是联系性的，也是隐喻性的。依托隐喻性的身体，人们就能面对世界上的万事万物，自然地从存在处境出发获得对事物意义的理解。

身体的忧虑就是要追求完美形式，追求更个性的外表[185]。由于人的身体自身就具有大自然通过时间所创造的各种物质形态和运动形式，以至它不仅能够反映各种有形的存在，构造极为复杂的认知对象，反映着高低长短、前后左右、内外大小、生熟干湿、虚空充实、新鲜腐烂等物质属性和空间形式，也能够反映从机械运动到思维和情感运动等各种运动形式的基本特征[243]。

追求健康、健美的身体是人们参与奥林匹克运动的一个重要目标。随着社会的发展和人们对于身体状态的追求，人们对于自己的外表越来越注重。而外表提供了两种诠释方法：一种强调真实表现，一种强调掩饰内心真实的自我。外表时而用来走入人的内心世界，时而成为保护工具。第一种情况，身体不再阻碍发现由内心沉淀出的"真实美"，美丽要被一眼看出；第二种情况，它是一个具有欺骗性的包裹，完全不能体现主体的内在。任何一个对身体美标准无一不晓的人，即使不能完全赞同，他也可以使它们为己所用来诱惑别人。美貌不只是观众主观的接受，而在社会中很难判断它的优势，觉得它会引起各种形式的已确立的认可，尤其是有标志形象的产物，例如所崇拜的运动员。在标准的美丽与健康方面，奥林匹克运动为我们提供了一个绝佳的场所，它所铸造出来的身体，符合当代人们对于健康、健美身体的所有标准。并且改变了这个社会对于美的身体的标准。

在我国曾经出现过"裹足"阶段，那时人们认为女孩子就应该把脚裹起来变小，认为这样是符合美的标准的。但是现在来看不但不美，甚至对于人的健康都是有很大影响的。在当代越来越多的女孩子为了追求美丽参与到体育运动中来，这不仅能够带来美丽，同时也能带来健康。美的标准是在不断变化的，塔瓦约特1998年标记出了最近的三十年专门构造女性美貌的两个特殊时期。1968年的运动区间出现了审美新标准，追求一种青春的苗条。苗条从这个时期起成为了一种道德评判标准，肥胖则意味着粗枝大叶、任意放纵，相反苗条则是青春、健康、自控的代名词。1980年8月著名的女性运动杂志《奥林匹斯，女性运动》问世，它主要是针对参与奥林匹克运动中的女性运动员健美身体的宣传而创办的，以此产生对女性身体审美观念的影响。运动不再是自身的目的，而是为了达到更健康更美丽的形体的一种手段。1980年10月创刊的杂志 Vital 也具有同样的运动理念，认为运动只是锻炼肌肉的一种方法。这些都包含在"形体而不是形式"这句口号中。拥有完美形体成了健康杂志也推崇的生活风格。例如《健康杂志》就开设了运动塑性的专栏。

奥林匹克运动会是人们追求健康和健美身体的最佳场所，人们在其中挥洒汗水，收获健康。同时奥林匹克运动员那健美的身材也成为了人们崇拜的对象，为了能像他们一样健硕，人们参与其中。从柏拉图开始就主张：只有首先施以身体教育，才可能培养出理想国所需要的人。奥林匹克运动就是这个最好的教育榜样。

3. 身体的本我——自由

对作为物质属性的生理意义上的人体的改造是体育的本质目标所在，是一切体育功能和价值的前提和基础[244]。体育是人类身体与社会结合的最佳桥梁[245]。技术的出现就是为了解放身体，让身体更加自由，但是事实却与设想恰恰相反。随着技术的不断发展与进步，对人们身体自由的限制越来越多，或者如海德格尔所描述的那样，被"座架"了。技术使得身体在奥林匹克运动中能够更加自由地发挥自己的能动性和想象力，但是同时却不得不依照着技术所描述的图景进行训练和比赛。一台台高级的仪器显示着身体在竞技中的动作表现，一项项指标体现着身体在比赛中的水平和状态。身体活动都要依照技术的监督和指导，身体的自由也如此这般被座架了。

作为一个能动的肉体而存在于世界之中，在某种意义上即意味着自由地存在，这是身体的自由，换句话说也就是存在的自由。但是这个自由是相对的，这个自由不是无拘无束的，是在权利和义务以及法律和道德的范围内的自由，是在身体的整体性中奠基于身体自由的一种话语的可能性而已。在身体的整体性中这一奠基性的自由不再依赖于一个绝对主体的万能的意志，也并非客观世界所派生的虚无，自由是在世界之中的肉体的能存在的特性，它作为身体的同时性建构而在实践中涌出，以至于它在分析上同时成全了肉体和世界，它使肉体成为世界的肉体，也使世界成为肉体的世界。由此，身体的自由所显示的是人之为人的可能性或关系性的最原初的特性之一，即能存在的特性。

在身体层面的自由通常被赋予道德判断的含义，因为自由不过是一种形式，它作为一种分析的状态不应当为内容承担责任，但是不同的意义上却承担了丰富的道德含义，毕竟自由并不作为自由而空转，权利总是和具体的内容不可分割地联系在一起。面对此种向一切可能性或者关系性敞开的形式化的自由，不难领会到，所谓的能在所显示的并非只是作为一个现成之物摆在那里，仿佛人不过是一个能够占据一定物理性质而言的。人的自由之意义在于人的生物性和物理性的基底，他所提供的物质可能性对于理解人类的社会历史文化只具有极其有限的基础意义。并不能够把各种人类的文化现象一一对应地与人类有机体的生物性和物理性中所包含的一切文化的种子，而所有人类的文明都只是这些种子生根发芽的产物，因此，奥林匹克运动作为一种人类文化活动也必定受到人的生物性和物理性的限制。

身体就是和欲望相连接的，从某种意义上来说就代表着欲望。正是身体的欲望推动着世界不断进步和发展。但是欲望同时与贪婪等词接近，如果过度追求身体的欲望，将会让身体迷失自己。奥林匹克运动毕竟还是一个以身体活动为基础的体育文化活动，追求自由平等，当人们身体的贪欲过度时，自由和平等将被破坏。

（二）技术之所予

技术为奥林匹克运动的发展提供了有力的保障，技术对于奥林

第六章 奥林匹克运动技术化的身体边界与困境之消解

匹克运动最直接的作用还是体现在对于人之身体的作用上。在技术的帮助下，人们的身体可以完成一些相对以前来说不可能完成的任务，或者是突破原有的极限。但是技术到底为奥林匹克运动中的身体带来了什么，本书研究认为应该体现在三个方面：保障身体的健康、为自然身体划清界限、为技术的身体绑上缰绳。

1. 协调身体健康的矛和盾

人们总是把奥林匹克运动中的身体想象成健康、力量的代名词。但奥林匹克运动是人类的竞技运动，是对于极限、超越的追求，这个特性让运动员的身体往往处于一种疲惫和极限状态，很容易造成损伤，健康也变得更加脆弱，在高强度的竞争和对抗中更容易受到伤病的困扰从而变得不健康。这些都是有悖于奥林匹克运动的初衷的，这一切都归功于技术对身体的"促逼"，但是同时技术也带来了健康的保障，这是一个相互矛盾又协调的过程。

在以往的研究中，对于技术在奥林匹克运动中的应用，学者都是以批判的视角来研究技术对于身体健康的影响，认为技术增加了奥林匹克运动的对抗性，让人们的身体处于一种不安全的境界。但是这些研究忽略了非常重要的一点，他们只是看到了运动员在对抗和竞争以及训练中的损伤，却忽视了技术真正对于运动员身体带来的保护和帮助。正是由于技术，现代奥林匹克运动已经比曾经的奥林匹克运动更加安全，也更加注重到运动员的感受。现代的医疗检测技术，能够让运动员对于自己的身体状况有一个更好的认知，以现代技术为支持的康复技术，让运动员能够更快从伤病的困扰中摆脱出来，并能够恢复到正常的运动表现（但是对一些比较严重的损伤，技术所能达到的效果还是有限的）。

促进身体和心灵的健康，是奥林匹克运动的一个重要目标。因为人们在参与锻炼的过程中，身体的肌肉、呼吸系统、内分泌系统会因为刺激而形成一种应激或适应，这在某种程度上提高了人们身体某一方面的能力，例如：游泳运动员的肺活量水平超过正常人。但是人们只是根据人身体的某一方面的能力的提高，就认为奥林匹克运动提高了人们的身体健康，抑或是参与奥林匹克运动的身体就是健康的，这是片面的，是一种对于人的身体健康的误读。例如：

举重运动员能够举起比自身体重重好几倍的重量,这是常人所达不到的,完全可以称他们为"超人"。但是举重运动员在经历这些大运动量的训练后,身体受到的损伤也是触目惊心的。我国的一位大级别举重运动员,曾经获得过许多冠军,但是退役以后承受着巨大的伤病困扰,甚至生活不能自理。这些都是与奥林匹克运动初衷相悖的。但是现在技术有能力来缓解或者解决这些问题。

技术为奥林匹克运动树立了一个"更快、更高、更强"的标杆,让竞技比赛的观赏性、对抗性更加吸引人。同时技术也为奥林匹克运动中的身体提供了更多的保护和对危险的预防。这些保护和预防都是外在的,更多的还是要依靠人们对于自己身体的了解和认知来解决这些健康的问题。

2. 不断扩展身体的延伸边界

与没有被人类活动触及的自然过程相反,所有的技术系统和过程都是"人工物",或人造物[136]。人是联结自然与技术的中介,人的身体是自然和技术的共同作用物。身体是自然的,这是无可厚非的,但是身体又是技术的。行为举止、衣着,包括使用的一切物品都是技术的。当想区分身体中的自然和技术成分的时候,就遇到了难题,身体的边界在哪里?随着技术的发展,器官甚至内脏器官都可以用人工物来作为替代。技术赋予了身体新的能力和可能,由于技术的支持,人们可以对自然有更多的挑战和探索。

技术物的"结构-功能",可以看作身体在"结构-功能"方面的延伸[246]。在奥林匹克运动领域,体育器材和器械的应用就是这一方面的体现,这从网球运动的起源可以略见一斑。网球最早起源于法国,是法国传教士之间进行的一种用手掌击打球的小游戏,但随着发展球拍取代了手掌,随着球拍技术的不断发展,现在的球拍从弹性到质地都更加高科技,也为网球运动的世界范围推广起到了至关重要的作用。短跑中运动员穿的跑鞋、撑杆跳中运动员使用的杆等都是这种自然身体延伸的体现。

麦克卢汉提出:媒介即讯息,是人的身体和意识的延伸。而这种延伸让人们认识世界在时间和空间上变得更加便捷和可触摸,地球成为了"地球村"。在奥林匹克领域正是这些技术提供的支持和帮助,也让人们更好地认知了外在于身体的世界。人们在技术的支持之下,跑得越来越快、跳得越来越高,也变得更加强大。现在的世界纪录已经接近极限,人们如果只是依靠身体的先天优势和一般的身体训练,是很难再有突破的,必须依靠更加科学合理的训练手段和技术的支持。

3. 增强身体的祛魅之声

奥林匹克运动起源于古希腊时期,那时的奥林匹克运动充斥着传说和人们对于身体的崇拜,当时的竞技运动是取悦上天神灵、与上天神灵相沟通的方式,人们通常在葬礼上或者大型的庆典活动中,进行身体的竞技较量。当时众神的画像和雕塑都是强壮与充满肌肉的。与当代奥林匹克运动相比,当时的奥林匹克运动具有更多的神话色彩和宗教意义。现代技术是现代奥林匹克运动出现及发展的主要推动力,让人们更加认识自己的身体,摆脱传统的对于身体的愚昧认识。在以往的比赛中,人们也会尝试运用各种各样的手段和方法来对身体进行刺激,以达到取得好成绩的目的,例如喝酒、吃一些植物的果实和茎叶等。也有好多人因为误食这些东西而中毒甚至失去生命。当奥林匹克运动刚刚在我国兴起的时候,走了一段这样的道路。当时日本的训练学家大松博文提出了一个"三从一大"原则,在那个时期确实起到了非常好的效果,但是如此艰苦的训练对运动员的精神和身体都产生了极大的影响,有些影响是不可逆的,会伴随着人的一生。随着科学技术的进步,人们对于身体更加认识和了解,指导人们科学训练的学科运动训练学也出现了。运动训练学是在医学、生理学、解剖学等学科的基础上,根据人们在训练中的实践经验总结出来的,为目前的奥林匹克运动的训练起到了指导作用。

武术起源于我国,发展于我国,是2008年北京奥林匹克运动会表演项目。武术也有着神秘的色彩,我国的武侠小说中对于武林高手的描述,飞檐走壁、刀枪不入、力大如牛等都是常人所不能完成的。但是武术真的那么厉害吗?这就需要技术的帮助来揭开其真实的面目。只有让人们了解了武术,更好地认识到武术对于身体的作用,才能够让武术在世界的舞台上走得更远。

技术为奥林匹克运动中的身体剥去了神秘的面纱，让人们更好地认知了自己的身体。随着科学技术的发展，这种认知还会更加深刻。

在人的身体所欲和技术所予之间保持张力是必要的。人们的欲望是无止境，技术的发展也是越来越深入的，如果任由它们自由地发展下去，必将对奥林匹克运动产生颠覆性的影响，让奥林匹克运动走向终点。如果想要让奥林匹克运动更好地发展，要管控好身体和技术对于身体的影响，让身体和技术以及奥林匹克文化价值和伦理之间建立起必要的张力，这样才能形成一个稳定的系统。

第三节 回归身体的必然之路

在之前的章节中对奥林匹克运动技术化进行了探讨和思考，随着技术的不断发展和进步，奥林匹克运动的技术化对身体的构建也越来越深入和内化。"身体"问题的凸显是由科学技术所引起的，因为科学技术本质上是革命的，它的重大发现和发明，往往是对旧的伦理道德规范的冲击，促使人们的伦理道德观念发生深刻的变化。"当某种情势下，或至少建议某种涉及真正责任的行为过程，而该形势自身在本质上又不足以指导行为，伦理问题就发生了。"[247] "身体"问题的出现是现代技术对身体的边界、身体的文化，以及传统伦理的挑战。在这种挑战下，对于身体概念界定缺失的弱点就会暴露出来。这种观念在一定意义上代表了一种回归身体本源，同时在更高层次上实现身体与精神相统一的努力。人类作为有机系统、自然的一部分，使他们的自然环境也是历史实践的产物。"自然"也是文化的产物，是有意识的存在，这种意识只有通过身体的体现才能实现[139]。

（一）回归自然的身体

奥林匹克运动的本质是身体的运动，回归自然身体的比拼，是奥林匹克运动技术化的一条解决之道。正是由于技术和技术物过多地具身于身体，让身体成为了技术和技术物的定位场所，也失去了自身的主体性。身体不仅仅暗示着肉体，它既不是实在的肉体，也不仅仅是实在肉体之中的非实体；否则不仅将回到身体哲学或身体社会学对身体的狭隘界定之中，而且还可能陷入一种二元论的困境[111]。自然身体是区别于二元对立身心的，是一个多元的统一身体。回归自然的身体，不是简单地对于技术和技术物的抛弃或者废止，是一个有选择性的，以身体为根本的扬弃。

身体曾经是完全被动和广延的物质实体，它与所有的物质实体一样遵循机械的法则和规律，而心灵则是主动和思维的精神实体。笛卡儿这样描述过："我以为我用我的眼睛看见了某物，实际上它只是凭借我的心灵的判断能力才被把握到的。"在这种身体观的影响下，身体是可以被随便践踏的。意识是绝对的、无限构造的，它不依赖于其他任何条件，而身体必定要处在一定的环境或者背景之中，因为是相对的和有限构造的。一个有限构造的身体，如何能够构造出无限构造的远远超出自身构造的意识，这成为了一个棘手的难题。自然的构造问题成为了先验现象学框架中的一道裂缝，而身体正是撑开这道裂缝的一个楔子[248]。

追求卓越，追求"更快、更高、更强"是没有极限的，但是身体作为一个肉身的实体确实有限，如果为了无限的目标而过度刺激身体，身体将会出现健康的问题。科技是自由的，但是却不是无规矩、随心所欲的，是要有限度的，这个限度就是自然的身体，那些试图僭越身体并且利用技术来代替或者植入身体的，混淆自然身体边界的，一定要被制止。回归自然的身体将是奥林匹克运动的必由之路。

（二）回归文化的身体

奥林匹克运动归根结底还是一个人类的社会文化活动，其依赖于价值、规则等来维护其存在的意义。奥林匹克运动从英国的户外运动发展到今天，运动员已经成为了一种职业，从最早的人们休闲的一种方式，转变成了一种工作状态，奥林匹克运动已经将身体转化为理性化过程的一种工具，将身体更趋近而非远离工作。约翰·赫伊津哈（Huizinga）把游戏界定为人们的本性，是展示自我的途径，人就是游戏的人。但是他同时也认识到，竞技运动中的理性化已经将运动员的身体客体化，从而使游戏的冲动陷于僵化[249]。

奥林匹克运动的文化的身体不仅仅是传播奥林匹克文化的载体，也成为维持一个集合体的社会关系与文化特性的认同。体育运动是人们更好生存的手段，有助于人们创造、操练、重演在获取和保障其维持生存的手段时涉及的技能。人们就是这样解释涉及跑步、跳跃、投掷的一些运动起源，因为它们能让人练习狩猎，或在追寻猎物的需要消失后继续作为一项模拟活动存在，在与自然和其他身体的对抗中，帮助人们主导自己的身体，准备迎击更严重的遭遇。这些都印证着奥林匹克运动与人的基本需求之间有着千丝万缕的联系。但是到了近代，人们对于身体的自然生存的需求渐渐消失了，随之而来的是对于社会文化的需求。人们通过创造出各种规范和规则来规训身体以适应不同的体育运动。奥林匹克运动让人们从特定的角度来看待如何度过生命———一种并非始终受必需支配的生命，并使人们能够塑造一些关系，可以对奥林匹克运动和社会生活中的变化作出如实的反应、努力维持或有所预见。

奥林匹克运动过度的技术化和理性化会对奥林匹克运动的价值产生僭越，这对奥林匹克运动的发展是不利的。而保持奥林匹克运动活力的方式之一，就是保证奥林匹克运动中文化身体的干净和整洁，不受到过多的其他因素的影响。文化的身体是一个被多种因素所建构的身体，如果其中过多的技术因素起到决定性的作用，将会造成奥林匹克运动身体价值的断裂，从而威胁到奥林匹克运动的可持续发展。

（三）回归伦理的身体

在奥林匹克运动的技术化过程中，明确奥林匹克运动的伦理主体是关键。本书研究认为，身体就是奥林匹克运动的主体。明确身体伦理的道德责任，建立正确的身体伦理观将是关键。伦理学是关于道德问题的科学，是道德思想观点的系统化、理论化。或者说，伦理学是以人类的道德问题作为自己的研究对象。随着科学技术的不断发展，人类碰到了很多关于人类生存和尊严的伦理问题。于是，与之有关的各种伦理学说也就应运而生，如环境伦理学、生命伦理学、网络伦理学等[4]。科技对于伦理价值的积极影响常有四个路径："扩展伦理范围，提出新的伦理问题，提出新的价值，以及修正规范

第六章　奥林匹克运动技术化的身体边界与困境之消解

的确定这一问题提出的方式"[247]。而传统伦理学解决问题和分析问题的出发点一般都是基于一种二元对立的现代性话语。这种话语方式奠定了西方道德和社会秩序的基础。从二元论立场出发，所有的思想以及知识本身，都被看作自我与他者、身体与心灵、人与非人、健康与疾病以及诸如此类的范畴之间的区分。自由、平等、权利、义务和公正等自由人本主义的特征成为了传统伦理学的核心。这种二元论的立场会导致一个问题，就是道德主体和身体之间的分裂，不变的生物学主体成为自主自我的主体的基础，人的本质被看作一成不变的。这与现代科学技术对于身体的构建以及身体的不确定性不相符合，所以运用传统伦理学对这种身体技术化的不确定身体的考量和审视是不恰当的。传统伦理的二元论还体现在对于评价结果的单一上，能够明晰区分善与恶、好与坏，对因果关系进行决定性的评价。很多事情，不是只有是非对错的，有些事情是需要考虑具体情景的。一概而论对与错，容易造成以偏概全问题的出现。

当今社会，很多伦理问题都需要通过"身体"这一媒介来表达，使得"身体伦理"成为明确的研究范畴。技术化身体的涉身性的凸显，以及现代技术对于"身体"的反身认知带来的挑战，导致了人们对于不确定身体的关注，由此引发一系列新的伦理问题，这些问题使得传统伦理原则遭遇了困境。而身体伦理将"身体"这一范畴拉回了生命伦理学的视野，并作为批判性思想的逻辑的技术化过程，这个过程是双向的，既有技术对于身体的构建，也有身体对于技术的要求和规约。随着技术的发展，奥林匹克运动的技术化过程也出现了身体界限的模糊、技术对于身体主体内化而造成的一些伦理问题。这些问题需要通过身体伦理路径来解决，因为它是一种由身体出发的伦理学，是以尊重身体不确定性为前提的伦理学，这样在解决问题的过程中，才能够更加结合具体实际来解决问题，而不是一概而论对与错、是与非。这种包容的伦理是柔中带刚的伦理，对解决奥林匹克运动技术化过程中的身体问题将行之有起点，反思在后现代境遇中，生命科学的发展到底对"涉身主体"意味着什么，以此来观照生命伦理学传统理论框架的局限性和时间的有效性。可以说身体伦理是生命伦理发展的新阶段。身体伦理学是后现代科学的

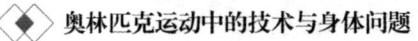

产物，它重视身体的出席以及实践的有效性，对于传统固化的道德范式是一种有效的补充。福柯曾说："自由是伦理道德的本体论条件，而伦理道德是自由所采用的反思形式。"[250]身体伦理更加关注身体的多样性和差异性，弥补了传统的伦理只关心道德与利益关系的不足。

第七章

结　论

第一节　身体是奥林匹克运动中技术与身体关系的主导

（一）身体技术是奥林匹克运动技术的主要形态

技术后现象学以人—技术—世界的视角，将奥林匹克运动中的技术分为身体技术、规则形态、器物技术和媒介技术四类形态，身体形态的技术是指源于身体本能和由外部条件激发起来的为了达到某种目的的身体技术，主要包括基于本能的技术和基于技能的技术。基于本能的技术是基于技能的技术的基础，也是奥林匹克运动身体形态技术的基本形式。身体技术构成了奥林匹克运动的最主要形态。

（二）身体属性构成奥林匹克运动技术发展的基础

奥林匹克运动的核心是身体活动，是围绕身体竞技而构建出的人类文化活动。人的生理的身体构成了奥林匹克运动的内核，其项目发展都是在身体的自然属性的基础之上完成的，也就是运动的发展要符合身体的自然规律。同时，奥林匹克运动本质上又是一场身体的竞技，其竞技属性构成了奥林匹克运动发展的一大动力。另外，奥林匹克运动是具有完备的社会建制的体育活动，其社会文化属性具有独特的特征和社会功能。这其中，自然属性决定根本，竞争性决定功能，文化属性决定灵魂。奥林匹克技术的发展需要遵循身体的自然属性、竞争属性和文化属性，但决不能只遵循竞争属性而丢掉根本。

(三）技术与身体的关系构成奥林匹克运动发展的矛盾

奥林匹克运动中技术与身体的关系，从身体与技术的互动来看，大致分为四层，即：运动的身体即为技术；身体与器物的契合；身体尺度与技术规则的相互制约；身体展示与观念传播的促进。这四个层面从身体的自然到社会，从技术的由内及外逐层展开。从中也可以看出，在奥林匹克运动中，身体与技术的关系十分复杂，身体所起到的主导作用也随技术四个层面的展开逐渐式微。

第二节 奥林匹克运动中技术化存在的两种演化形态

当今社会是一个技术化的社会，人的技术化、社会的技术化都在发生着。技术化为奥林匹克运动的发展增添了动力，让更多的人参与其中。但是奥林匹克运动的技术化具有与其他技术化不同的特点，这是由奥林匹克运动的本质属性决定的，奥林匹克运动技术化的过程中呈现出两种演化形态，一种是身体技术化，一种是技术身体化。前者对人的压迫感更强，后者以身体为主导，技术的嵌入性更强。技术身体化和身体技术化是技术发展的两个方向，一个走向身体，一个走向技术；一个代表着"感性"，一个代表着"理性"。

（一）奥林匹克运动中的身体技术化

奥林匹克运动中的身体技术化，是奥林匹克运动中的身体被技术所构建的过程。随着技术的不断升级，在人的社会领域，技术应用的广度越来越广。这也就使得技术与身体之间的关系变得更加密切。身体的技术化表现出强化身体的竞争性和符号性两种表现形式。其特征是工具性、身体异质性和科技的整合性。在某种意义上说，人已经被技术所掌握。

（二）奥林匹克运动中的技术身体化

技术的身体化的本质是技术的发展受到身体的影响而作出的改变。其表现形态主要包括技术融入身体、技术保护身体、技术修复身体。技术的身体化是一种技术的发展向着人之本源"身体"的过程，这里的身体是一种"身""心"合一的身体，是一个代表整体性"人"的身体。身体是技术的来源，同时也是技术的服务对象，人们正是在技术的支持和帮助下，更好地认识了身体，解放了身体。技术身体化主要体现了技术融入身体的涉身性、身体的主导性和进化的人工性。

第三节 奥林匹克运动技术化困境的分析需要"身体"视角

现代奥林匹克运动的技术化发展正面临着一些问题，这些问题的根源是技术对身体的影响过度、奥林匹克文化与技术理性的互不相容，以及身体欲望与奥林匹克文化的不协调，因此困境的本质也可称为身体困境。

（一）奥林匹克运动的技术异化分析带来的启示

兴奋剂的问题、运动损伤以及科技带来的公平竞争的缺失是奥林匹克运动中的老问题，但是随着奥林匹克运动的技术化变得愈加突出，技术不但没有抑制这些问题的发生，反而助长了它们的侵入。体育学家和技术哲学家开始批判和剖析发生这些问题的根源，但是时至今日还是不能很好地避免这些矛盾的发生。传统问题没有解决的同时，一些新的问题也出现了。

（二）奥林匹克运动技术化的新困境带来新思考

技术在不断地构建着奥林匹克运动，同时在不断地构建着我们的身体，使我们身体的工具属性更加明显。技术已经不只是构建我们的身体，它已经成为我们身体的一部分。技术嵌入身体，产生疲惫的身体——过度规训的"身体"，运动员通过限制自己的身体自由，来达到对自己身体的最佳控制，从而让自己的身体表现到达极限，其代价是几乎脱离正常的社会交往生活，退役后难以融入社会。在信息化技术的侵入下，奥林匹克运动中出现"赛博的身体"和泄密的身体。人工智能在运动领域的应用以及电子竞技是否属于体育范畴等都是人们争论的焦点。大数据背景下人们对于身体信息的监控已经超越传统意义上的控制手段，并被制定营销策略和供人们娱乐的商业行为所利用。

（三）检讨奥林匹克运动技术化的传统批判缺少身体视角

奥林匹克运动技术化的批判最主要的观点来自于技术异化和技术理性的分析，奥林匹克运动运用技术，却使得人与技术疏离，受到技术的左右和控制。技术理性的过度侵入具有奥林匹克运动与技术之间的契合过度的意思，而造成了奥林匹克运动的价值被技术理性所吞噬和僭越，使得奥林匹克运动的主体与技术物、技术手段等之间的边界模糊化，人的身体成为技术理性的工具。

奥林匹克运动中，人主体性地位的缺失也被认为是奥林匹克运动技术化出现问题的一个重要归因。在奥林匹克运动的发展历程中，技术走过了辅助、支持、融合到嵌入互生的过程，技术逐渐成为主导，人丧失了主体地位。

对于奥林匹克运动技术化出现问题的传统批判和剖析，缺少了赖以生存的"身体"，技术异化与技术理性过度契合、人主体性的缺失，这些归因都是由技术的理性和奥林匹克运动的价值相悖决定的，都是从外部来谈问题。奥林匹克运动的实质是人身体的活动，如果抛开人类的"身体"来谈问题，就是舍本逐末。

（四）奥林匹克运动技术化困境的身体归因分析

奥林匹克运动技术化的原有批判缺乏身体视角，丢失了奥林匹克运动的身体竞技本质，只有从身体角度进行分析，才能发现产生困境的根本原因是奥林匹克文化、身体与技术这三者关系的混乱。厘清文化、身体、技术的关系：以身体为"源"，以文化为"魂"，以技术为"道"，让三者之间保持必要的张力，互相限制、互相促进，形成一个稳定的正向的三角。归根结底，奥林匹克文化、身体以及技术的协调发展是解决目前奥林匹克运动技术化健康发展问题的根本途径，这样才能让我们的奥林匹克运动更和谐。

第四节 奥林匹克运动技术化困境的消解需要回归身体

技术化为奥林匹克运动带来的问题也是显而易见的，依据奥林匹克运动的身体本质属性，让技术回归身体，才能让奥林匹克运动回归初心。

（一）一个原则：掌握技术化的身体边界

身体是奥林匹克运动发展的根本，保障身体的健康、促进身体的解放、释放身体的能量是奥林匹克运动的发展方向。以身体为本是坚持身体本体论哲学。技术对身体的潜在可能性的开发由身体的生理属性决定，技术的适宜性由身体的感受决定，因此认识身体是奥林匹克技术认识论的基础，身体构成了奥林匹克运动技术发展的边界，也决定了奥林匹克运动技术化发展的方向。

技术化应以身体为边界，这一方面强调技术化的范围要以不超出身体的自然规律作为基准，技术化本身的存在和变化以身体本身的存在和变化为条件；另一方面强调以身体的自然属性和社会文化属性来约束和制约过度强调竞争属性的技术化，以不侵害身体健康和身体伦理为界，具体来讲则是技术化为生理的身体、文化的身体和伦理的身体所制约。技术化与身体虽然相互制约，但身体对技术化的制约是前提和基础。

（二）一个方法：平衡技术与身体之间的张力

奥林匹克运动是一个矛盾的统一体，体育价值、技术理性、身体欲望之间保持着一种必要的张力，这种必要的张力维系着奥林匹克运动的健康发展，这种张力是动态发展的。必要的张力是多个事物间相互制约维系平衡的重要条件。身体之欲是自身更加强大，更加美观，更加受人追捧。而技术作为一种人类达到目的的工具，承载着身体的愿景。解决好身体之所欲与技术之所予这对矛盾，才能更好地解开奥林匹克运动中身体与技术之间的纽带，创造更加健康积极的未来。

(三) 终极路径：身体回归

回归自然的身体是由奥林匹克运动本质决定的。奥林匹克运动的核心是身体活动，是围绕身体竞技而构建出的人类文化活动。人的生理的身体构成了奥林匹克运动的内核，其项目发展是在身体的自然属性的基础之上完成的，也就是运动的发展要符合人身体的自然规律。

回归文化的身体也是由奥林匹克运动的属性决定的。奥林匹克运动又是一场以身体的竞技为核心的文化展示，因此其竞技属性构成了奥林匹克运动发展的一大动力。奥林匹克运动体现人的身体之美感的同时，又塑造了人类的竞争意识、进取意识、合作意识，其社会文化属性具有独特的特征和社会功能，是任何其他社会文化所不能替代的。

回归伦理的身体是对过于技术化的身体以及过于商业化的身体的限制。奥林匹克运动同时需要展示社会契约精神与和平理念，抑制伤害身体的技术异化。奥林匹克运动的技术化过程也出现了身体界限的模糊，技术对于身体主体内化而造成的一些伦理问题。这些问题需要通过身体伦理路径来解决。

参考文献

[1] 汉斯·乌尔里希·古姆布莱希特.体育之美:为人类的身体喝彩[M].丛明才,译.上海:上海人民出版社,2008:106.

[2] 卢元镇.奥林匹克运动:强者追求的文化[J].体育文化导刊,2004(8):32-34.

[3] 罗玲玲,王以梁.人的技术化的伦理反思[J].道德与文明,2014,(6):101-105.

[4] 周丽昀.现代技术与身体伦理研究[M].上海:上海大学出版社,2014:24-25.

[5] 陈昌曙.哲学视野中的可持续发展[M].北京:中国社会科学出版社,2000:107.

[6] 陈昌曙.技术哲学引论[M].北京:科学出版社,2011:74-77.

[7] 于光远,等.自然辩证法百科全书[M].北京:中国大百科全书出版社,1995.

[8] ELULL J.The technological order[M]//MITCHAM C.Philosophy and technology.New York:The Free Press,1983.

[9] 王伯鲁.广义技术视野中人的技术化问题剖析[J].自然辩证法通讯,2006,160(6):14-18.

[10] 李美凤,李艺.人的技术化之合理性辩护[J].科学技术与辩证法,2008(1):66-70,112.

[11] 董传升.技术化释义[J].科技管理研究,2007(6):28-30.

[12] 杜海涛.死亡深度的技术化:人体冷冻技术在死亡问题上的哲学话语[J].东北大学学报(社会科学版),2018,20(2):117-122.

[13] 罗玲玲,于淼.浅议工程技术活动中的设计哲学[J].东北大学

学报(社会科学版),2005(3):157-162.

[14] 陈维维.人的技术化:人的本质力量的技术建构[J].重庆科技学院学报(社会科学版),2011(6):20-22.

[15] 欧阳柳青,谭华,沈建华,等.奥林匹克思想的发展与变迁[J].武汉体育学院学报,2003,37(1):28-32.

[16] 熊斗寅.奥林匹克运动教育讲座第八讲:参加比取胜更重要 奥林匹克运动与奥运会[J].中国学校体育,1995(2):73-74.

[17] 顾拜旦.奥林匹克理想:顾拜旦文选[M].詹汝琮,等译.北京:奥林匹克出版社,1993.

[18] 熊斗寅.论奥林匹克主义[J].体育文化导刊,2006(3):33.

[19] MANDELL R.The first modern Olympics[M].Berkeley:University California Press,1976:9.

[20] EICHBERG H.Olympic sport:neo-colonialism andalternative[J].Int Rev Soc Sport,1984,(19):102.

[21] CHATZIEF D.The Changing nature of the ideology of Olympism in the modern Olympic era[D].Doctor Dissertation Loughborough University,2005.

[22] 熊斗寅.论奥林匹克文化[J].体育学刊,2005,12(1):11-14.

[23] 李翔,王玉君.奥林匹克主义:一种身体本体论哲学[J].体育文化导刊,2007(11):32-33.

[24] 克里斯·希林.身体与社会理论[M].李康,译.北京:北京大学出版社,2010:20-21.

[25] 查伦·斯普瑞特奈克.真实之复兴:极度现代的世界中的身体、自然和地方[M].张妮妮,译.北京:中央编译出版社,2001:2.

[26] RESMUSSEN D.Universalism vs communitarianism:contemporary debates in ethics[M].Cambridge,MA:MIT press,1990:1.

[27] 唐健君.身体作为伦理秩序的始基:以身体立法[J].学术研究,2011,(10):140-143.

[28] MAFFESOLI.The Time of the Tribes[M].London:Sage,1996.

[29] 黄琴.身体与身份的视觉伦理关联:视觉的伦理关涉和悖论[J].道德与文明,2011(5):95-97.

[30] EYES C.The denigration of vision in twentieth-century French thought[M].London:University of California Press,1994:564.

[31] SYNNOTT.The body social:symbolism,self and society[M].London:Routldge,1993:156-157.

[32] BAUMAN Z.Postmodern ethics[M].Oxford:blackwell,1993:11

[33] CIARAMELLI.Re-reading Levinas,Bloomington[M].IN:Indiana University Press,1991:85.

[34] 焦宗元.身体视域下体育认知的转向研究[J].沈阳体育学院学报,2017,36(5):65-69.

[35] 张之沧.后现代身体论[J].江海学刊,2006(2):25-30.

[36] 柏拉图.理想国[M].北京:商务印书馆,1996:355.

[37] 张尧均.隐喻的身体:梅洛-庞蒂身体现象学研究[M].杭州:中国美术学院出版社,2006:2-42.

[38] 叶浩生.身心二元论的困境与具身认知研究的兴起[J].心理科学,2011,4:999-1005.

[39] 黑格尔.精神现象学:上[M].北京:商务印书馆,1983:204.

[40] 柏拉图.斐多:柏拉图对话录之一[M]杨绛,译.沈阳:辽宁人民出版社,2004:17-20.

[41] 尼采.苏鲁支语录[M].徐梵澄,译.北京:商务印书馆,1997:27-28.

[42] 尼采.偶像的黄昏[M].周国平,译.长沙:湖南人民出版社,1987:43.

[43] 杨林.艺术的身体性本源:从身体出发解读尼采美学[J].湖北大学学报(哲学社会科学版),2008,2(35):42-45

[44] 欧阳灿灿.欧美身体研究述评[J].外国文学评论,2008(2):24-34.

[45] 王亚娟.梅洛-庞蒂自然研究中的身体之思[J].世界哲学,2012,21(2):67-76.

[46] MERLEAU-PONTY.The phenomenology of perception.[M].London:Routledge,1962:117.

[47] 王钰.大地式的存在:海德格尔哲学中身体问题初探[J].世

哲学,2009(5):126-142.

[48] DE COUBERTIN P.Forty years of Olympism[C]//Car-Diem-Institut.The Olympic idea:Pierre de Coubertin:Discourses and essays.Stuttgart:Olympischedr Sportverlag.

[49] 熊斗寅.时代的召唤历史的必然:读顾拜旦《现代奥林匹克主义的哲学基础》[J].体育文化导刊,2011(2):149-154.

[50] 李杉.体育科技知识[M].北京:科学普及出版社,2010.

[51] IRIS D.The Olympic games In ancient Greece[M].Athens:Ekdotike Athenon,1982.

[52] POWELL J T.Origins and aspects of Olympism[M].Champaign,Illinois:Stipes Publishing Company,1994:37.

[53] ARISTOLES.The Rhetoric of Aristotle[M].London:G.Bell,Trsnslated by J.S.Walson Book,1878:3,13.

[54] PALAEOLOGOS C.The ancient Olympics[M].The Proceedings of the International Olympic Academy,University of Leeds,1964.

[55] POOLE G.The ancient Olympic games[M].London:Vision Press,1963:17.

[56] 约勒·法略莉,赵毅.论古代奥运会之"无声消亡"[J].体育与科学,2014,35(1):1-13.

[57] MORETTI L.Olympionikai,victor negliantichi agony olympic[M].Roma,1957:175.

[58] RABE.Scholia in Lucianum[M].Stuttgart,1971:176,3-6.

[59] 顾拜旦.奥林匹克宣言[M].北京:人民出版社,2008.

[60] 王润斌,杨麟,熊晓正.奥林匹克主义的历史哲学审视:兼评迪卡娅·凯泽斯卡提乌的"当代奥林匹克主义意识形态的本质变迁"[J].体育科学,2011,31(8):3-19.

[61] RUHL J K.Olympic games before Coubertin[C]//FINDLING J E,PELLE K D.Encyclopeadia of the modern Olympic movement[M]London:Greenwood Press,2004:3.

[62] KINDERSLEY D.The Olympic games:Athens 1896 - Athens

2004[M].London:Dorling Kindersley Limited,2005:267-367.

[63] CASHMORE E.Sports culture:an A-Z guide[M].London:Routledge,2002:402-405.

[64] 王玲.论科技与奥运的契合[M].沈阳:辽宁人民出版社,2010:32.

[65] 亚里士多德.形而上学[M].北京:商务印书馆,1959:6.

[66] 张世英."本质"的双重含义:自然科学与人文科学 黑格尔、狄泰尔、胡塞尔之间的一点链接[J].北京大学学报(哲学社会科学版),2007,44(6):23-29.

[67] 何振梁.论奥林匹克运动的本质[J].体育文史,1994(6):15-17.

[68] 李传奇,李海燕,张震.身体的觉醒与挺立:从尼采的身体哲学到顾拜旦的奥林匹克哲学[J].体育学刊,2017,24(3):1-5.

[69] 张波,姚颂平.纯粹的体育:一种培养德育的身体活动 评《原生态的奥林匹克运动》[J].上海体育学院学报,2013,37(3):9-12,19.

[70] NISSIOTIS.L' Actualite de Pierre de Coubertin du point de vue Philosophique[C]//MULLER N.The relevance of Pierre de Coubertin today CIPC,Niedernhausen,1987:125-161.

[71] 任海.奥林匹克:永远的人文奥运[J].人民论坛.2001(8):11

[72] 孙葆丽.奥林匹克运动人文价值的历史流变[D].北京:北京体育大学,2005.

[73] 萨马兰奇.奥林匹克回忆[M].北京:世界知识出版社,2003:77.

[74] 张岱年,方克立.中国文化论[M].北京:北京师范大学出版社,1994:4-5.

[75] 刘大椿.技术何以决定人之本质[J].东北大学学报(社会科学版),2006,8(1):1-4.

[76] 陈凡,董传升,贾岩.技术图景中人的主体性的获得、缺失与重构[J].哲学研究,2007(6):93-98.

[77] ANDREWS D.Desperately Seeking Michel foucault's genealogy:the body,and critical sport sociology[J].Sociology of Sport

Journal,1993(10):148-167.

[78] 罗铭时,谭华.奥林匹克学[M].北京:高等教育出版社,2007:109.

[79] DURBIN P T.Broad and narrow interpretations of philosophy of technology[M].London:Kluwer Academic Publishers,1990:8-44.

[80] MITCHAM C.Thinking through technology:the path between engineering and philosophy[M].Chicago:The University of Chicago Press,1994:143.

[81] DUIBIN T.Guide to the culture of science,technology,and medicine[C]//MITCHAM C.Philosopy of technology.New York:The Free Press,1980.

[82] 金炳华.哲学大辞典[M].上海:上海辞书出版社,1992:779.

[83] LASSWELL H.Power and society[M].New York:Herder and Herder,1950:50-51.

[84] 吴国盛.技术哲学经典读本[M].上海:上海交通大学出版社,2008:54.

[85] MITCHAM C.Types of technology[C]//DURBIN P.Philosophy and technology.Greenwich:JAI Press,1978:229-294

[86] 肖峰.认识论:从自然化到技术化[J].哲学动态,2018(1):86-94.

[87] 李世雁,曲跃厚.论过程哲学[J].清华大学学报(社会科学版),2004,19(2):24-28.

[88] 杨富斌.怀特海过程哲学基本特征探析[J].求是学刊,2012,39(5):13-19.

[89] 李庆臻.简明自然辩证法词典[M].济南:山东人民出版社,1986:7.

[90] ELLUL J.The technological society[M].New York:Knopf,1964.

[91] 王伯鲁.社会技术化问题研究进路探究[J].中国人民大学学报,2017,3(3):148-154.

[92] INDE D.Instrumental realism[M].Bloomington and Indianapolis:Indiana University Press,1991:114.

[93] 林慧岳,丁雪.技术哲学从经验转向到文化转向的发展及其展望[J].湖南师范大学社会科学学报,2012(4):31-35.

[94] 吴国盛.芒福德技术哲学[J].北京大学学报(哲学社会科学版),2007(6):30-35.

[95] 康敏.来自技术的危险:海德格尔对现代技术的追问[J].科学技术与辩证法,2002(2):48-51.

[96] 雷环捷,王伯鲁.从人的技术化到社会的技术化:斯蒂格勒的技术哲学思想进路[J].创新,2016(3):85-92.

[97] 魏忠明.走出生活技术化的生存论困境:技术的祛魅与生活的去远 试论"生活"与"技术"的关系[J].哲学分析,2015,6(3):19-25,196.

[98] 强以华.经济增长模式的伦理思考[J].华东师范大学学报(哲学社会科学版),2004(4):22-26,32,122.

[99] SWEENEY S T,HODDER I.The boby[M].Cambridge:Cambridge University Press,2002:9.

[100] 理查德·舒斯特曼.身体意识与身体美学[M].程相占,译.北京:商务印书馆,2011:13.

[101] 彭富春.身体与身体美学[J].哲学研究,2004(4):61.

[102] 汪民安,陈永国.尼采的幽灵[M].北京:社会科学文献出版社,2001:6.

[103] 李世平.论胡塞尔的"意识主体"与尼采的"身体主体"[J].江南大学学报(人文社会科学版),2008,7(4):23-27.

[104] 海德格尔.尼采[M].孙周兴,译.北京:商务印书馆,2002:38.

[105] 汪安民,陈永国.后身体:文化、权利与生命政治学[M].长春:吉林人民出版社,2003:12.

[106] 福柯.性经验史[M].佘碧平,译.上海:上海人民出版社,2005:61.

[107] FOUCALT.Power knowledge[M].New York:Pantheon Books,1980:119.

[108] L.德莱弗斯,保罗·拉比诺.超越结构主义与解释学[M].张建超,张静,译.北京:光明日报出版社,1992:30-306.

[109] FOUCAULT.Language,counter-memory,Practice[M].Ithaca:Cornell University Press,1980:148.

[110] 海德格尔.存在与时间[M].陈嘉映,王庆节,译.北京:生活·读书·新知三联书店,1999:61.

[111] 郑震.身体图景[M].北京:中国大百科全书出版社,2009:112.

[112] 梅洛-庞蒂.知觉现象学[M].姜志,译.北京:商务印书馆,2005:138.

[113] 杨大春.身体的隐秘:20世纪法国哲学论丛[M].北京:人民出版社,2013:67.

[114] 梅洛-庞蒂.可见的不可见的[M].罗国祥,译.北京:商务印书馆,2008:21.

[115] 杨大春.语言、身体、他者:当代法国哲学的三大主题[M].北京:生活·读书·新知三联书店,2007:151.

[116] 杨大春.杨大春讲梅洛-庞蒂[M].北京:北京大学出版社,2005:46.

[117] TUNNER B.The body and society:explorations in social theory[M].London:Sage,1996.

[118] FRANK A W.For a sociology of the body:an analytical review[C]//FEATHERSTONE EPWORTH M M H,TURNER B S.The Bob:social process and cultural theory.London:Sage,1991.

[119] CIARAMELLI F.Levias's ethical discourse:between individuation and universality[C]//BERNASCONI R,CRITCHLEY S.Rereading levinas.IN:Indiana University Press,1991:85.

[120] HANCOCK.The boby,culture,and society:an introduction[M].Buckingham:Open University,2000:106.

[121] GIDDENS.The Transformation of Intimacy:love,sexuality and eroticism in modern sdocieties[M].Cambridge:Polity Press,1992:176.

[122] EAGLETON.The ideology of the aesthetic[M].Oxford:Black,

1990:368.

[123] FOUCAULT.Ethics:subjectivity and truth[M].London:Allen Lane,1997:261-262.

[124] 肖峰.论身体信息技术[J].科学技术哲学研究,2013(1):66.

[125] TAMBOER J W.Sport and motor action[J].Journal of the Philosophy of Sport,1992,XIX:31-45.

[126] 克里斯·希林.文化、技术与社会中的身体[M].北京:北京大学出版社,2011:1.

[127] 曹继东.唐·伊德的后现象学研究[J].哲学动态,2010(6):104-110.

[128] IHDE D.The corpus is not yet closed[J].Techne,2008,12(2):126-132.

[129] 周丽昀.唐·伊德的身体理论探析:涉身、知觉与行动[J].科学技术哲学研究,2010,27(5):60-65.

[130] 杨庆峰.物质身体、文化身体与技术身体:唐·伊德的"三个身体"理论之简析[J].上海大学学报(社会科学版),2007(1):17.

[131] 高强.论现代体育之超越品格[J].成都体育学院学报,2014,40(1):28-33.

[132] 斯蒂格勒.技术与时间:爱比米修斯的过失[M].裴程,译.南京:译林出版社,2000:41-56.

[133] C.P.斯诺.两种文化[M].上海:上海科学技术出版社,2003.

[134] F.拉普.技术哲学导论[M].沈阳:辽宁科学技术出版社,1986:27.

[135] SHILLING C.The body in culture,technology and society[M].London:Sage Publications,2005:8.

[136] 杜利军.奥林匹克运动与现代科学技术[J].中国体育科技,2001,37(3):4-7.

[137] 远德玉.技术过程论的再思考[J].东北大学学报(社会科学版),2003,5(6):391-393.

[138] 马塞尔·莫斯.社会学与人类学五讲[M].林锦荣,译.桂林:广

西师范大学出版社,2008:91.

[139] 特纳.身体与社会[M].马国良,赵国新,译.沈阳:春风文艺出版社,2000:59.

[140] 闫彬.从"技艺"到"记忆":传统武术身体技术的文化产生 基于伏羲八卦拳个案的研究[J].上海体育学院学报,2018,42(5):79-86.

[141] 刘建和.关于同场对抗类项群技术共性特征的初步探讨[J].成都体育学院学报,2006,32(2):50-54.

[142] 刘建和.隔网对抗类项群(乒、羽、网、排)技术和打法演进过程的初步考察[J].成都体育学院学报,2005,31(2):64-68.

[143] 刘建和.关于表现难美类项群运动技术发展的某些共性特征的初步研究[J].成都体育学院学报,2006,32(6):62-67.

[144] 刘建和.论运动技术的序列发展与分群演进[D].北京:北京体育大学,2006.

[145] GAGNE R M, BRIGGS L J.Principles of instructional design[M].New York:Holt, Rinehart and Winston,1979:67-73.

[146] GAGNE R M.The condition of learning and theory of instruction[M].皮连生,等译.上海:华东师范大学出版社,2001:61,202.

[147] 田麦久.运动训练学[M].北京:人民体育出版社,2009:56.

[148] 吴国盛.让科学回归人文[M].南京:江苏人民出版社,2003:37.

[149] 谢丽娜.从奥运会比赛成绩看运动器材的变化[J].体育文史,2000(4):52-53.

[150] 李颖川.竞技体育与科技创新:阐释北京科技奥运[M].北京:北京体育大学出版社,2007:121-122.

[151] 杨红.现代奥运会的生成机理:顾拜旦体育思想中的辩证性元素[J].体育与科学,2016,37(6):73-77.

[152] 焦峪平.鹰眼技术在体育比赛中的运用[J].科技创新导报,2017(34):151-152.

[153] 马歇尔·麦克卢汉.理解媒介:论人的延伸[M].何道宽,译.南

京:译林出版社,2011:18.

[154] 尼尔·波兹曼.娱乐至死[M].章艳,译.北京:中信出版社, 2014:3-4.

[155] 冯雅楠,孙葆丽,毕天扬.新媒介对奥林匹克文化传播的影响 [J].体育学刊,2018,25(6):1-7.

[156] 哈罗德·伊尼斯.传播的偏向[M].何道宽,译.北京:中国传媒 大学出版社,2013:56.

[157] 大卫·罗.体育、文化与媒介:不羁的三位一体[M].吕鹏,译. 北京:清华大学出版社,2013.

[158] 蒋原伦.媒介文化十二讲[M].北京:北京大学出版社,2010: 58.

[159] 约翰·贝尔,特·克劳奇·克里斯滕森.后奥林匹克主义:21 世纪体育批判[M].王润斌,译.北京:人民体育出版社,2015: 130-134.

[160] 董传升,梁蕴秋,何洋.论体育的技术形态[J].沈阳体育学院 学报,2006,25(3):10-11.

[161] 马廉祯,谭华.追求卓越的竞技运动:《竞技运动:一个哲学的 探究》评述[J].体育文化导刊,2007(5):81-84.

[162] 蒋健保,刘菊.追求卓越:一种体育精神的理想与诉求[J].宁 波大学学报(人文社科版),2015,28(3):122-126.

[163] 洛克.教育漫话[M].傅任敢,译.北京:人民教育出版社,1979: 4.

[164] 马尔库塞.单向度的人[M].刘继,译.上海:上海世纪出版社, 2006.

[165] 朱彦明.超人类主义对人类的挑战[J].体育科学,2018,38 (7):92-97.

[166] 刘志民,丁海勇.两次科技革命与竞技体育运动的发展[J].上 海体育学院学报,2000,24(2):30-34.

[167] 谢清果,赵晟.尼尔·波兹曼论媒介技术演进与社会话语变迁 [J].科学技术哲学研究,2018,35(2):70-75.

[168] 杜方伟.论麦克卢汉"地球村"的理论与现实[J].高教学刊,

2015(17):250-251.

[169] 保罗·莱文森.数字麦克卢汉[M].何道宽,译.北京:社会科学文献出版社,2001:95.

[170] 马德浩,季浏.体育的身体之维:基于梅洛-庞蒂哲学的思考[J].上海体育学院学报,2012,36(4):76-79.

[171] 欧阳灿灿.当代欧美身体研究批评[M].北京:中国社会科学出版社,2015:96-97.

[172] 笛卡儿.第一哲学沉思集[M].庞景仁,译.北京:商务印书馆,1986:25.

[173] 席玉宝.论现代体育科学学科体系[J].北京体育大学学报,2018,41(8):17-25.

[174] 张力为,孙国晓.体育科学实证研究的逻辑流与证据链[J].体育科学,2017,37(4):3-10,28.

[175] 张连成.体育科学实验研究设计10个常见问题及对策[J].北京体育大学学报,2016,39(5):115-120.

[176] 张禹.体育科学实验中的"变量"问题与对策[J].北京体育大学学报,2016,39(5):121-126.

[177] 毛志雄.体育科学领域的问卷调查:常见问题与解决方案[J].北京体育大学学报,2016,39(5):127-131,136.

[178] 郭璐.体育科学研究中统计应用的7个误区[J].北京体育大学学报,2016,39(5):132-136.

[179] 魏登云,张文俊.体育科学研究中多元统计分析常见问题及对策[J].北京体育大学学报,2016,39(5):137-144.

[180] 周爱光.对竞技运动概念的再认识[J].中国体育科技,1999,35(6):5-6,10.

[181] 卢元镇.竞技:人类进步的表征和希望[J].天津体育学院学报,2008,23(5):369-372.

[182] BERTARD D.La sociologie du sport en france[J].L'Année Sociologique,2002,2(2):297-311.

[183] 高强.西方体育起源之争与身体维度解析[J].体育学刊,2010,17(12):24-29.

[184] 房龙.人类的艺术[M].石家庄:河北教育出版社,2002:82.

[185] 谢光前.古希腊体育与身体意识的觉醒[J].体育学刊,2006,13(2):79-81.

[186] [法]帕斯卡尔·迪雷,佩吉·鲁塞尔.身体及其社会学[M].马锐,译.天津:天津人民出版社,2017:35.

[187] 孔繁敏.奥林匹克文化论[J].体育与科学,2001(1):20-22.

[188] 茹秀英,周建梅.IOC组织性质分析[J].西安体育学院学报,2004,21(5):1-3.

[189] 张海军,郭小涛.跨文化视域下现代奥林匹克运动国际化成功原因探究[J].体育文化导刊,2018(4):36-39,124.

[190] JOHNSON M.The Body in the mind:the bodily basis of meaning、imagination and reason[M].Chicago:Chicago University Press,1987.

[191] 赫伊津哈.游戏的人[M].何道宽,译.广州:花城出版社,2007:75-82.

[192] 郝勤.体育史[M].北京:人民体育出版社,2006:3-5.

[193] LUCAS S.Emile durkheim[M].London:Penguin,1973.

[194] CASHMORE E.Making sense of sports[M].London:Routledge,2000.

[195] BIRLEY D.Sport and the making of britain[M].Manchester:Manchester University Press,1993.

[196] BRASCH.How did sports begin?[M].Thornhill:Tynron Press,1990.

[197] BOURDIEU P.The logic of practice[M].Cambridge:Polity,1990.

[198] 蒋晓丽,贾瑞琪.论人工智能时代技术与人的互构与互驯:基于海德格尔技术哲学观的考察[J].西南民族大学学报(人文社科版),2018(4):130-135.

[199] 樊向前.社会认知的归因理论给体育教学的启示[J].中国学校体育,2000,130(5):58-59.

[200] MAGILL R A.运动机能学习与控制[M].张忠秋,译.北京:中

国轻工业出版社,2006:4.

[201] 北京大学哲学系.西方哲学原著选读:上卷[M].北京:商务印书馆,1981.

[202] 莫斯.论技术、技艺与文明[M].蒙养山人,译.北京:世界图书出版公司,2010:84.

[203] 陈卓.体育场域中的身体:自然、社会与文化属性[J].社会科学论坛,2018(5):196-213.

[204] 刘华杰.奥林匹克中的游戏与自然[N].中国科学报,2018-08-26(7).

[205] 周丽昀.走向多元自然主义:拉图尔思想政治学探微[J].哲学动态,2009(10):77-83.

[206] SWEENEY T,HODDER S I.The body[M].Cambridge:Cambridge University Press,2002:9.

[207] 廉佳,文成伟.技术化身体及其审美旨趣困境分析[J].东北大学学报(社会科学版),2019,21(3):228-234.

[208] 汪民安.身体、空间与后现代性[M].南京:江苏人民出版社,2006:45.

[209] 张再林.身体、两性、家庭及其符号[M].西安:西安交通大学出版社,2010.

[210] 布尔迪厄.区分:判断力的社会批判 上册[M].刘晖,译.北京:商务印书馆,2015:335.

[211] 王玲.论科技与奥运的契合[D].沈阳:东北大学,2008.

[212] 刘伟伟,刘侃文.技术、身体及其空间表征[J].哲学分析,2018,52(6):127-137.

[213] 皇甫尚峰.从自然身体对抗到理性身体对抗:对奥运会发展历程的另一种解读[J].武汉体育学院学报,2010,44(6):15-18.

[214] 庞西院.略论技术化身体的形态及其特征[J].长春工业大学学报(社会科学版),2014,26(2):16-18,34.

[215] 马丁·海德格尔.海德格尔选集[M].孙周兴,译.上海:上海三联书店,1996.

[216] SIMON.Sport and social values[M].Prentice-Hall:Englewood

Cliffs,1985.

[217] 孙葆洁.奥林匹克运动[M].北京:大众文艺出版社,2000.

[218] 高维纬.运动医学[M].沈阳:辽宁大学出版社,1999:79.

[219] 劳雷恩·P. 克里尔.力求完美的奥林匹克主义[J].体育文史,1990(1):72.

[220] MEZ J,DANESHVAR D H,KIERMAN P T.Clinicopathological evaluation of chronic traumatic encephalopathy in players of American football[J].JAMA,2017,318(4):360-370.

[221] 曹继东.现象学的技术哲学:伊德技术哲学解析[D].沈阳:东北大学,2005:25.

[222] 阿雷恩·鲍尔德温.文化研究导论[M].陶东风,译.北京:高等教育出版社,2017:307.

[223] HARGREAVES J.Sport,power and culture[M].Cambridge:Polity,1986.

[224] WACQUANT L J D.Pug at work:bodily capital and bodily labour among professional boxers[J].Body and Society,1995,1(1):70.

[225] SIMIANS.Cyborgs and women:the reinvention of nature[M].London:Free Association Books,1991.

[226] 代志星,高鹏飞.身体的缺场:体育赛博化嵌入的多重镜像[J].体育与科学,2015,36(2):109-114.

[227] 薛孚,陈红兵.大数据隐私伦理问题探究[J].自然辩证法研究,2015,31(2):44-48.

[228] LYON D.Surveillance culture:Engagement,exposure,and ethicsin digital modernity[J] International Journal of Communication,2017(11):1-18.

[229] 张峰,彭志飞.大数据时代"人的信息身体"的维度探析[J].自然辩证法研究,2018,34(12):82-86.

[230] 董传升.体育技术论[M].北京:人民体育出版社,2015:140.

[231] 阿伦·古特曼.从仪式到纪录:现代体育的本质[M].花勇民,小鑫,芳乐,译.北京:北京体育大学出版社,2012:51-57.

[232] 埃德蒙德·胡塞尔.欧洲科学的危机和超验论的现象学[M].王炳文,译.北京:商务印书馆,20001:52.

[233] 甄媛圆.从奥运会的兴奋剂问题看体育发展带来的技术异化[D].北京:中国人民大学,2005:30.

[234] 秦洁."下力"的身体经验:重庆"棒棒"身份意识的形成[J].广西民族大学学报(哲学社会科学版),2010,31(3):61-66.

[235] 麦克卢汉.麦克卢汉如是说:理解我[M].何道宽,译.北京:中国人民大学出版社,2006:277.

[236] 李艳翎,刘湘溶,龚正伟.对竞技运动中技术运用的伦理思考[J].北京体育大学学报,2003,26(6):822-824.

[237] 宋亨国,周爱光.现代竞技运动应以人为本[J].体育文化导刊,2004(1):38-40.

[238] 杨国枢.中国人的价值观:社会科学观点[M].北京:中国人民大学出版社,2013:103-104.

[239] 刘欣然,乐严严.基于人类身体本能的体育运动哲学解读[J].体育学刊,2009,16(12):27-31.

[240] 戴维·罗斯.正当与善[M].林南,译.上海:上海译文出版社,2008.

[241] H. 杜卡斯,B. 霍夫曼.爱因斯坦谈人生[M].北京:世界知识出版社,1979:61.

[242] 彼得·布鲁克斯.身体活:现代叙述中的欲望对象[M].朱生坚,译.北京:新星出版社,2005:3-4.

[243] 科耶夫.黑格尔导读[M].姜志辉,译.南京:译林出版社,2005:198.

[244] 张之沧.身体认知的结构和功能分析[J].南京师大学报(社会科学版),2010(3):30-38.

[245] 易剑东.体育概念和体育功能论[J].体育文化导刊,2004(1):32-34.

[246] XIONG H. Urbanisation and the transformation of chinese wowen's sport since 1980[M].London:VDM Pubilishing House,2009.

［247］ 刘铮.分析技术哲学的"难问题"及其身体现象学解决进路［J］.自然辩证法通讯,2018,40(08):112-118.

［248］ 让·拉特里尔.科学与技术对文化的挑战［M］.吕乃基,王卓君,林啸宇,译.北京:商务印书馆,1997:109.

［249］ 韩骁.原初自然的出场:论胡塞尔对"自然"的现象学还原［J］.世界哲学,2018(6):98-108,158.

［250］ GUTTMAN A. From ritual to record: the nature of modern sports［M］.New York:Columbia University Press.

［251］ 冯俊.后现代主义哲学讲演录［M］.北京:商务印书馆,2003:465.

后 记

本书是基于笔者的博士学位论文修改而成的，是关于奥林匹克运动中的身体与技术问题的初步性探讨。在即将付梓之际，我觉得有必要简略回顾一下在这方面的研究历程，也表达在撰写此书过程中对我有帮助人的诚挚谢意。

首先，要感谢我的导师罗玲玲教授。2011 年 9 月，对于科学技术哲学一知半解的我，抱着对一个新领域的好奇心和求知欲，进入了东北大学科学技术哲学专业读博。求学伊始，作为一个本科、硕士都是体育专业的、学科专业知识储备不是很充分的我，些许有些不自信和不知所措。是罗老师的包容和鼓励，让我一点点建立起了信心，从开组会时的一脸茫然到后来的只言片语再到后来的侃侃而谈，逐渐地形成了自己思考问题的方式。在选题时我就下定决心，博士论文一定要把体育与技术哲学结合起来，怎么能从体育与技术方面提出一个好的问题呢？一直百思不得其解。直到导师送我一本书，是克里斯.希林的《文化、技术与社会中的身体》。这本书给了我很大的启发，也确立了把身体作为体育与技术的衔接点来进行研究的思路，在此基础上形成了本书的题目。从论文的选题、收集资料、立论构思，直至撰写完成，都凝结着导师的心血和关怀。永远忘不了罗老师在左眼视网膜脱落刚刚恢复就为我指导论文的场景。也正是因为有了导师的细心指导和严格要求，才有了本书今天的出版问世。

其次，我要感谢我一直非常敬重的陈凡教授、王健教授、包国光教授、朱春艳教授、陈红兵教授、文成伟教授、董传升教授，以及东北大学出版社的刘振军老师，他们严谨的治学态度、豁达的人生理念、不懈的学术追求深深地影响了我，成为我今后学习和工作的榜样。

最后，我要感谢我在东北大学读书的日子，在这里为我开启了一个有意思的研究方向，感谢书中所提及的学者贡献出的光辉思想，感谢那些跟我讨论问题的同学、同事和同门，也感谢我挚爱的家人一直以来的支持和陪伴。

尽管由以上众人给予的帮助和支持，但受笔者学识和能力的局限，该书一定存在纰漏和不足之处，如能得到学界同仁的批评指正，将不胜感激。至于未来，还是让实践说话吧。我对于身体理论的理解和思考还有很长的路要走，依然在路上。

焦宗元

2021 年 8 月

于沈阳体育学院天镜湖畔